#ZigZagHR

X세대와 MZ세대를 위한 교차 리더십

#Zig ZagHR

#지그재그HR

리스베스 클라우스 · 레슬리 아렌스 지음

정태희 옮김

KMAC

한국어 번역과 현지화에 앞서

10년 이상 SHRM^{Society for Human Resource Management}의 글로벌 콘퍼런스와 엑스포에서 가장 인상 깊었던 단체는 한국경영인협회 산하 한국의 HR 인사들 모임이었다. 나는 콘퍼런스 중간중간 글로벌 라운지에서 그들과 즐거운 담소를 나누고 소중한 정보를 교환했다. 25년간 월래밋 대학교의 MBA 프로그램과 몬터레이 국제지역학연구소(현 Middlebury Institute of International Studies at Monterey)의 글로벌 HR 전문 교수로서 한국의 많은 HR 전문가에게 이 책을 바친다.

이번 한국어 번역을 통해, #ZigZagHR 메시지를 한국의 인사 전문가^{HR} 커뮤니티에 전달하고 싶다. 물론 그들 중 많은 사람이 영어를 능숙하게 할 줄 알지만, 그래도 자신의 상황에 맞는 사례들을 자신의 언어로 읽는다는 것은 의미가 있다. 한국 상황에 맞는 사례들을 보강한 한국어 번역본을 통해 한국의 인사 전문가들이 글로벌하게 움직이는 데 보다 도움이 되고, 또한 이 책이 유럽을 비롯한 글로벌 시장을 뛰어넘길 바란다.

번역을 맡은 리박스 컨설팅사의 정태희 대표께 진심으로 감사드리고, 정태희 대표를 소개해주신 데비 쿠Debbie Ku와 마이클 새탕Michael Saetang(2020년, 윌래밋대 MBA), 테리 정과 KMAC 김종운 스마트혁신 부문장, 최영완 엔터스코리아 어덜트께 감사드린다. 그리고 이 책이 나오기까지 도와주신 한국의 모든 여러분의 도움과 전문적 지원에 감사드린다. 이들의 도움이 없었다면 이 책은 출간되기 어려웠을 것이다.

리스베스 클라우스와 레슬리 아렌스

차례

제1장 왜 #ZigZagHR인가?

제2장 #ZigZagHR 모델

제3장 #ZigZagHR 인력

제4장 #ZigZagHR 역량

글로벌 비즈니스의 혁신을 이끄는 HR

> **아이디어의 충격에서 새로운 빛이 솟아난다.**
> _니콜라 부알로(Nicolas Boileau, 1636-1711)

레슬리 아렌스(1974년 생)와 리스베스 클라우스(1951년 생)는 완전히 다른 배경을 가졌지만 급변하는 환경에 직면하고 있는 HR 현장에서, 각자 다른 경험을 바탕으로 함께 HR에 관한 책을 쓰면서 글로벌 비즈니스의 변화를 일으키고 있다.

스트라퍼 마담먼Straffe Madammen(평지풍파를 일으키는 여성들을 위한 플랑드르의 애칭)인 두 벨기에 여성은 2017년 5월 유럽의 HR빌더스HRbuilders 커뮤니티에서 서로의 동료이자 친구인 카트리언 데보스Katrien Devos의 소개로 처음 만났다. 그들은 배경이 서로 다름에도 불구하고 HR에 대한 철학을 이야기하면서 잘 어울렸다.

혁신적인 젊은 HR 전문가로 아이디어가 넘치는 미국계 레슬리는 벨기에에 살고, 상대적으로 젊으며 새로운 것에 호기심이 많고 새로운 혁신에 관심이 많다. 또한 아이디어가 풍부하며 네트워킹 능력이 뛰어나다. 자신의 생업에 대해서는 별로 관심이 없으며, 가끔 관조적일 때도 있지만 주로 직관적이고 HR 현업과 개인적 삶에서 적절하게 균형을 지키며 살고 있다. 반면 신중하고 깊이 있는 전통적인 인사 전문가 리스베스는 유럽 출신으로 나이가 더 많고(벨기에의 법규에 따르면 은퇴 연령을 지났다), 미국 태평양 북서부에 살고 있으며, 신중하게 계획을 짜고 움직이는 스타일이다. HR 전문가로 산업계와 학계에서 인정을 받고 있으며 논리적인 사고를 즐기고, 새로운 아이디어를 수용하면서도 데이터를 기반으로 증명이 가능한지 면밀히 검토하는 편이다. 그러나 HR 분야에 관해서는 둘 다 혁신적이며, 틀을 깨는 열정이 있다. 레슬리는 말하고 글을 쓸 때 영어를 즐겨 사용하는 반면, 리스베스는 영어와 네덜란드어를 사용한다. #ZigZagHR은 그들의 충돌하는 HR 철학과 아이디어를 통해 앞으로 HR 전문가의 방향점에 대해 세세하게 토론한 결과물이다.

두 사람은 확연하게 구분되는 차이에도 불구하고, HR 업무에서는 21세기의 환경적 변화에 따라 전통적인 형태를 벗어난 새로운 정책, 업무, 조직 구조로 변화되어야 한다는 점에 서로 동의한다. 전통적인 HR의 경우 과거에는 우리에게 잘 맞았지만, 오늘날에는 더 이상 제 역할을 하지 못하며, 미래에도 적합하지 않을 것이다. 이것은 유럽, 미국 모두에 적용된다. 그러나 전통적인 HR 모델을 새롭게 바꿀 마음의 준비가 되어 있어도 실제로 적용할 수 있는 정책, 업무, 국가적인 법적 사항 등을 고려하면 준비되었다고 말하기엔 아직 이르다. #ZigZagHR의 핵심은 HR 입장에서 새로운 사고 방식과 행동을 변화시켜나가는 것이다. 그렇다고 현재의 모든 시스템을 파괴하고 완전히 새롭게 만드는 것은 아니다. 지그재그 과정을 통해 하나하나 조금씩 바꾸는 것이다. HR은 반드시 실행 가능한 행동에 근거해서 변해야 한다. 혁신적인 HR 업무가 현실에서 모호하고 불확실할 때도, 새로운 시각에서 조직의 목적에 가장 적합한 혁신적인 HR 업무를 찾아야 한다. 왜냐하면 업에 대한 본질과 사회 규범이 변함에 따라 노동의 가치도 변하고 있으며, 이에 따라 HR도 변해야 하기 때문이다.

이 책이 완성되기까지 어려운 여정을 거쳤다. 학자 기반의 한 명은 이론에 관심이 많고, 창조적인 제너럴리스트인 다른 한 명은 스토리텔링에 관심이 많다. 레슬리는 주로 영어로 쓰고 리스베스는 네덜란드어로 쓴다. #ZigZagHR은 대서양의 반대쪽 끝에 거주하며 서로 다른 성향과 다른 역할을 하는 둘 사이에서 지그재그 해나가는 과정이었다. 미국과 유럽의 HR 실무진인 레슬리와 리스베스가 젊은 CHRO의 면모와 학자적 CHRO의 면모를 가지면서도 공통된 부분이 있으며, 둘 다 현재까지 각자 다른 HR 현업의 반대쪽 끝에 위치한다는 것도 알고 있었다. 이러한 환경이 두 사람의 협업에 중요한 강점이 되었다.

레슬리와 리스베스는 미래를 바꾸기 위한 스킬셋과 사고방식 그리고 이를 위해 준비해야 하는 사항들에 대해 쓰기로 했다. 많은 HR 교수와 HR 혁신가가 그들의 혁신적인 생각과 행동에 영향을 끼쳤다. HR 전문가로서 다른 배경을 지님으로써 비롯된 다양한 에코시스템이 없었다면 이 책은 불가능했을 것이다.

레슬리와 리스베스는 HR(또는 우리가 뭐라고 부르든 간에)이 오늘날 조직에서 가장 혁신적인 곳 중 하나이기 때문에 인력 관리에 가장 적합한 시기는 없다고 믿는다.

레슬리 아렌스, 동플랑드르 오우데나르데(벨기에)
리스베스 클라우스, 오리건주 실버턴(미국)

인재 관리의 중요성과
미래 방향성이 담긴 지침서

세계적인 『포춘』지 등극 회사들에서 22년, 독일 회사에서 3년, 총 25년간 CHRO로서 인사 담당 일을 해온 삶이 지극히 좁고 우물 안 커리어였음을 이 책을 읽고 깨달았다. 조직 관리와 인재 관리는 끝도 없는 배움의 여정이다.

이 책을 받았을 때 처음 10여 페이지를 읽고 번역해야겠다고 결심했다. 그 이유는 내가 비교적 세계 최고 회사의 인사총괄이었음에도 불구하고 미국의 인사 관리와 유럽의 인사 관리에 차이가 있고, 내가 믿고 있던 철학과 정답이 절대적이지 않음을 깨달았기 때문이다. 반면에 전 세계를 막론하고 인사 담당자들이 절대로 놓치지 말아야 할 중요하고 비슷한 공통적인 요소가 존재한다는 사실도 깨달았기에 제대로 된 인사 관리와 조직 관리에 대한 것을 트렌드와 함께 정리하고 싶었다. 이 책은 내가 현장에서 고민했던 인사 전략과 운영 실무를 매우 시원하게 정리해주었다.

축구에서 티키타카처럼 레슬리와 리스베스는 학자 출신과 필드 전문가, 전통과 모던, 미국과 유럽, 직관과 논리, 원칙 중심의 안정과 파괴적 혁신을 지그재그하며 놓치지 말아야 할 본질을 잘 설명해주었다. 내가 글로벌 최고 인재 육성 프로그램을 미국 본사에서 TF로 멋지게 설계한 뒤 한국에 와서 써먹지 못하는 것처럼, 그 맥락과 본질에 대한 깊은 사고와 고민은 늘 필요했다.

우리가 잊지 말아야 할 가장 중요한 본질은 바로 인사는 Human Resource가 아니라 Human Respect로, 인간이 무엇을 위해 일하고 그들이 열광하는 것이 무엇인지, 또 개개인은 언제 그리고 왜 사무실에 나와서 일하길 원하는지 등 인간 본연의 기본적인 니즈에 대한 본질을 놓쳐서는 안 된다. 과학기술의 발달과 인공지능의 무서운 추적으로 우리의 일을 점점 빼앗기고 있다. 이들은 반복적인 패턴과 시간이 갈수록 쌓이는 알고리즘으로 우리가 안주했던 일자리를 대체해간다. 그러나 순간에 이뤄지는 마음의 감동, 대화 속에 흐르는 따스한 세레토닌 교류, 할 수 있다는 성장 마인드, 편견으로 인한 갈등 중재와 가능성을 위한 코칭 대화 등 입소문으로 연결되는 인간의 '경험'은 문화와 환경, 그리고 관계 속에서 더욱 깊고 높은 수준의 스킬을 요구한다.

이제 인사 담당자는 더욱 바빠질 것이다. 그저 성공을 위해 달려왔던 기성 세대보다, 우리가 원하고, 느끼고, 생각하는 매 순간의 값을 읽고, 쓰고, 말하고, 듣는 기술은 알파 세대와 밀레니얼 Z세대에게 기본값이 되었다. 이들은 성공이 아닌, 성장을 원한다. 성장하면 결과적으로 성공이 따라온다. 실패는 용인해도 무능함은 용서

할 수 없는 세대. 이제 개개인의 무한한 잠재력을 찾고, 그들이 마음껏 주어진 환경과 시간 안에 최대 가치를 창출하도록 우리는 〈스타워즈〉의 요다 같은 인사 담당자가 되어야 한다. 이를 위해 다양한 차이와 이를 움직이게 하는 포용적 마인드를 가지길 바라며 이를 위해 인력 측면, 역량 측면, 커리어 측면, 운영 측면에서 지그재그 마인드를 가져야 한다. 이를 위해 저자는 강력한 실천공동체를 구축하길 권장한다.

이 책을 통해 대한민국에도 인재 관리에 대해 고민하는 리더들이 활발하고 지속적인 커뮤니티를 구축하길 바란다. 앞으로 한국은 ZigZag HR전략으로 많은 변화가 일어날 것이다.

리박스컨설팅

대표 정태희(www.rebox.asia)

지금이 바로 혁신적 HR을
준비할 때

> **배가 항해하는 '최적의 경로'는 일직선이 아닌**
> **수백 개의 지그재그 방향이다.**
> _랠프 월도 에머슨Ralph Waldo Emerson

#ZigZag란 Z자형, 구불구불하게 기울어진 선, 하나 혹은 그 이상의 방향으로 날카롭게 변화되는 선, 앞뒤로 오가며 날카로운 모서리를 그리는 선을 의미한다.

이 책에는 급변하는 현재 노동환경에서 미래를 위해 무엇을 준비해야 하는가에 대한 이론과 실용적인 철학이 담겨 있다. 이 책의 후반부에서는 현재 HR이 기여하는 가치와 앞으로 HR에 기대하는 가치를 비교하고 그 차이를 줄이기 위해 개발하고 발전해나가야 하는 HR 미래 역량들을 소개한다.

현재 그럴듯해 보이는 HR 업무와 포지션이 미래에도 그럴까?

#ZigZagHR은 백지상태tabula rasa에 적용되는 HR 이론이 아니다. HR 프로그램이 백지상태인 곳은 아마도 스타트업 또는 작은

규모의 회사 중에서도 행정적인 사무와 잡일을 하는 부서일 것이다. 우리는 페터르 힌센Peter Hinssen이 쓴 책 『모레The Day After Tomorrow』[1]의 모델에 매우 근접한 철학을 가졌다고 생각했지만, 이것 또한 이미 지나가버린 과거의 철학이 되어버렸다.

#ZigZagHR은 고용주들이 현재 조직에 만족하지 않고 '전통적 방식의 HR' 시스템을 '혁신적 HR' 시스템으로 변화시키고자 하는 과정이다. '혁신적 HR'의 접근 방식은 핵심 직원들이 아닌 조직의 전체 인력#ZigZagHR-Workforce에 초점을 맞춰야 한다. 이러한 '혁신적 HR'을 통해 새롭게 얻을 커리어#ZigZagHR-Careers에 초점을 맞추고, '혁신적 HR'을 현재 HR 역량#ZigZagHR-Stack과 병행해 활용하면서 보완해야 한다. 마지막으로, '혁신적 HR' 운영#ZigZagHR-Operations을 목표로 해야 한다.

이 책은 #당신이생각했던것#WhatDidYouthink과 다를 수 있다. 단순히 과거에서부터 계속되었던 HR 관행 때문에 경직되어 있던 조직에 대해서도 새롭게 변화할 수 있는 틀을 제안한다. 또한 고용주들에게도 혁신적인 업무를 도입할 수 있도록 다양한 도구를 제안한다. 우리는 HR 전문가들이 온라인 및 오프라인 네트워크를 통해 스스로 #ZigZagHR 혁신에 참여할 수 있도록 했다. 또한 다양한 문화와 국가의 모범 사례를 통해 지속적으로 배우고 경험을 공유하는 혁신적인 HR 리더들의 #ZigZagHR 시스템을 구축하고자 했다.

HR이 시대의 흐름에 따라 민첩하게 변화하기를 원한다면 혁신적인 #ZigZagHR로 HR 업무를 강화해야 한다.

몇 년 동안 HR에서 예측한 미래에 대해 살펴본 결과 다음과 같은 결론을 도출했다.

- 지금이 바로 혁신적 HR을 준비하기에 좋은 시기다.
- #ZigZagging은 미래의 성공에 중요한 열쇠다.
- 우리는 말 그대로 조직 외부를 봐야 한다. HR 장벽의 외부, 안전지대의 외부, 우리 조직의 외부 말이다.

이 책을 쓴 우리 두 사람은 성격도 매우 다를 뿐만 아니라, 경력과 성향도 비슷하지 않다.

리스베스는 의학 사회학자로 출발해 벨기에와 미국 대학에서 학문적인 길을 걸었다. 그 후 비즈니스 세계에 발을 들여놓았고, 컨설턴트로 활동했으며, 『포춘』지 50위 회사의 HR 관리자 역할을 맡았다. 그녀는 세계적인 HR 컨설턴트로 세계를 누볐고 MBA 과정 교육을 위해 글로벌 HR 경영학 교수로 학계에 돌아왔다.

레슬리는 벨기에의 HRD 업계에 유명한 이스트플레미시East-Flemish 컨소시엄의 상무이사로서 평생학습의 중요성을 강조하면서 HRD의 전문가 길을 걷기 시작했다. 14년 후, HR 학습과 전문가를 위한 협회 대표직을 맡았고 2년 동안 벨기에의 HR 업계 선두주자인 HR빌더스HRbuilders에 몸담았다. 그녀는 또한 사업가로서 HR 프리랜서와 글로벌 고용주를 연결시켜주는 업무를 하며 동시에 HR 콘텐츠, SNS, 워크숍에 대한 마케팅 업무도 관장했다. 자신의 회사 운영에서 '연결과 학습'이라는 비전으로 리더십, 평생학습, HR에 관한 독점적이고 독창적인 네트워크 이벤트를 기획하고 있다.

우리는 우리의 비전이 무엇인지 잘 알고 있었기 때문에 다양한 방향으로 우리의 커리어를 발전시켰다. 또한 고객이 무엇을 원하는지 명확하게 알기 때문에, 현재 위치에서 미래의 목적지를 향해 지그재그 형태로 성장시켜나갔다. 우리는 사물을 볼 때 근본적으로 다른 시각에서 관찰해야 하며, 다른 사람들이 보지 못하는 것들을 보고 관찰하며 서로 연결하는 방법을 찾아야 한다.

우리는 보통 이런 행동을 하는 사람들을 HR 선구자나 HR 혁신가라고 부른다. 그리고 이 책에서는 이러한 사람을 #ZigZagging HR이라고 부른다. 이것이 바로 이 책의 기본 개념이다.

#ZigZag:
Z자형의 구불구불한 선들의 집합,
기울어지고, 갑자기 하나 혹은
그 이상의 방향으로 날카롭게 변화되는 선,
앞뒤로 오가며 날카로운 모서리를 그리는
끊어진 선.

새로운 세상,
새로운 HR

제1장

왜
#ZigZagHR인가?

1장에서는 현재 직면하고 있는
기업 내 HR 현장을 스케치하고,
현재의 HR 정책 및 업무에 대한
대체 모델로서 왜 #ZigZagHR을
추천하는지 설명한다.
4차 산업혁명은 고객과
직원의 경험을 중심으로 진행되고 있다.
또한 인구통계학적 정보를 바탕으로 하는
기술적 혁신과 글로벌화로 인해,
직원들의 일자리가 전례 없이
심한 영향을 받고 있다.
이런 새로운 혁신은 인재 경영을
새롭게 만들 수 있는 모멘텀과
기회를 제공한다.
첫 장은 이러한 사실에 대한
중요성을 정리했다.

미래의 직업은
우리를 불안하게 한다!

2018년 1월 말 #미래의 직업#The Future of Work이 구글에서 기록한 조회 수가 5억 8,600만 건에 다다를 정도로 미래의 직업은 많은 관심을 끌고 있다. 런던비즈니스스쿨의 린다 그래튼Lynda Gratton은 지난 몇 년 동안 현재 직업에 영향을 미치는 트렌드들에 대해 연구 조사를 했다. 그래튼은 2011년에 발표한 『일의 미래The Shift: The Future of Work is Already Here』에서 미래의 직업을 기술하며,[1] 우리가 일에 대해 생각하는 방식을 근본적으로 바꿔야 한다고 주장한다. 이 책은 앞으로 일하는 방식에 영향을 미치는 요인으로 기술, 글로벌화, 인구통계학적 변화, 사회적 변화, 에너지 소비량을 꼽으며, 이 다섯 가지가 오늘날 왜 중요한 시사점이 되고 있는지 설명한다. 또한 성공적으로 미래의 직업 세계에 적응하기 위해서는 세 가지 근본적인 변화를 경험해야 한다고 한다.

◆ '제너럴리스트'에서 '연속적 스페셜리스트'로
앞으로 단일 전문 영역은 평생 계속될 수 없기 때문에, 하나의 특정 영역에서 전문가가 되는 것만으로는 충분하지 않다. 2025년이 되면 단일 직업에 대한 대우가 현재 상황과 같지 않을 것이다. 이는 전문가들조차 계속해서 다른 영역으로 배움을 확대해야 한다는 것을 의미한다. 이것에 대해서는 '3장: #ZigZagHR 인력'에서 자세히 설명하겠다.

♦ '단일 경쟁력'에서 '혁신적 협력'으로

미래에는 더 이상 자신이 맡은 힘든 일을 묵묵히 완수하는 개인들을 인정해주지 않을 것이다. 미래는 여러 가지 역할을 동시에 할 수 있으며 다른 사람들과 함께 일하고 그 가치를 더할 수 있는 네트워킹에 능한 사람의 것이다.

♦ '단순 소비자'에서 '열정적 크리에이터'로

매월 받는 급여보다 더 중요한 것은 매 순간 의미 있는 일을 만들며 또한 이를 잘 해내는 것이다.

직원 경험EX이라는 화두로 세간에 알려진 제이콥 모건Jacob Morgan은 책, 블로그, 팟캐스트를 통해 앞으로 변화하는 '일하는 방식'에 대해 많은 이야기를 하고 있다. 그가 2014년에 발표한 책『제이콥 모건의 다가올 미래The Future of Work』[2]에서는 미래의 업무가 어떻게 달라질 것인가와 달라지는 업무의 관리 방법에 대해 설명한다.

또한 2017년에 발표한 『직원 경험The Employee Experience Advantage』[3]에서도 직원 경험의 중요성과 업무 환경의 물리적, 문화적, 기술적 변화에 초점을 맞춰 HR이 수행해야 하는 구체적인 내용을 기술하고 있다.

조시 버신Josh Bersin에 따르면, '미래의 직업'은 이미 오늘날 현실로 다가오고 있기에 무작정 두려워해서는 안 된다. 그가 2016년 『포브스』에 발표한 「미래의 직업: 이미 여기 와 있다. 그리고 그다지 두려워할 필요가 없다The Future of Work: It's Already Here—And Not As Scary As you Think」에서 새로운 미래 업무를 개인적 차원, 조직적 차원, 사회적 차원에서 기술하고 있다.[4] 개인적 차원에서는 새로운 업무 현실로 인해 우리가 왜 일(의미)하고, 어떻게 일하고, 어떻게 일을 삶에 통합하고, 어떻게 우리의 경력을 발전시키며, 어떻게 우리의 역량을 경쟁력 있게 유지할 수 있느냐에 관해 설명한다. 조직적 차원에서는 새로운 업무 현실에 따라 어떤 일자리가 없어지고 새로 생길지, 디지털 세계에서 사람에 대한 가치는 무엇인지, 그리고 고용 환경에 유연하게 대처하는 방법에 관한 것이다. 마지막으로 사회적 차원에서는 새로운 업무 현실에 따라 사회 공동체가 어떻게 필요한 역량을 미리 준비할지, 교육이나 재교육은 어떻게 시킬지에 관한 것이다. 또한 우리가 직면하고 있는 소득 격차, 실업 문제, 이직 현상 등과 같은 사회적 문제에 대한 책임 있는 역할도 요구하고 있다.

#상상해보자. 미래에 입사 지원을 할 때 이력서가 필요할까? 면접 없이도 직원을 채용할 수 있다. 또한 스마트 알고리즘이 누가 언제 회사를 떠날지 예측하고, 챗봇이 HR 일반적인 행정에 대한 질문에 대답하며, 직원들은 근무 시간과 장소를 유연하게 선택하는 탄력 근무를 하고 유급휴가를 무제한으로 가질 수 있다!

이러한 혁신적 HR 시스템이 오늘날에는 파괴적이고 이상한 시스템으로 여겨지겠지만 조만간 선도적인 HR 시스템이 될 것이다.

실제로, 혁신적인 경영자들이 바라보는 HR의 미래는 이미 현실 속에서 실행되고 있으며 끊임없이 발전하고 있다.[5]

그 어느 때보다,
HR은 새로운 시대를 맞이해
조직과 사람을 활성화시키고 성장시켜
부가가치를 창출하는
중요한 역할을 하게 될 것이다.
하지만 그렇게 하기 위해서는
우리 스스로 새로운 HR로
변화할 필요가 있다.

더 열심히, 더 빠르게,
더 강하게, 더 멋지게

"더 열심히 일하라, 더 잘하라, 더 빨리 하라. 이것은 우리를 더 강하게 만든다." 헬멧을 쓰고 노래하는 프랑스의 전자 음악 듀오 '다프트 펑크Daft Punk'의 노래 가사다. 그들의 노래는 HR의 현 상황에 완벽하게 들어맞는다. 현재와 과거를 비교할 때 속도에 대한 체감은 더 빨리 느껴지는 것 같다. 그러나 이러한 자각은 현실 속에서 이미 경험하고 있으며 앞으로 더 빠르고, 더 극단적이며, 더 무서운 속도로 다가올 것이다.

VUCA는 이제 피할 수 없는 유행어로, 다음 장에서도 사용할 것이다. VUCA는 21세기 초 미국 육군대학원의 군사 환경에서 유래한 말이지만 어느새 일반 경영의 용어가 되었다.[6] VUCA는 가변성Volatility, 불확실성Uncertainty, 복잡성Complexity, 모호함Ambiguity을 의미한다. 모든 것이 빠르고 불확실하며 복잡하고 막연하게 변하고 있다. 이러한 변화는 우리에게 다른 방식으로 일하도록 강요한다. 캘리포니아에 있는 비영리 연구소인 미래연구소Institute For The Future, IFTF의 밥 요한센Bob Johansen은 새로운 VUCA 리더십 역량에 대해 비전Vision, 이해력Understanding, 명확성Clarity, 민첩성Agility이 가장 중요하다고 설명한다. 그에 따르면, 미래의 리더십 역량은 귀를 통해 듣고, 학습을 통해 정해진 미래를 받아들이는 것이 아니다.[7]

　속도는 더 이상 선택이 아니라 필수다. 벨기에의 기업가이자 작가인 페터르 힌센은 속도 이상의 가치가 있는 것을 민첩성라고 한다. 그는 저서 『모레The Day After Tomorrow』에서 VUCA 환경에 대한 해답을 VACINEVelocity, Agility, Creativity, Innovation, Networks, Experimentation로 요약한다.[8] 즉, 변화를 적시에 감지하고, 이에 따른 영향력을 신속하고 정확하게 판단하며, 변화에 대한 기회를 예측하고 나아갈 방향을 빠르게 정하는 것이다.

> #우리에게 필요한 역량은 난기류 같은 예측 불가능한 현실을 '재앙'이라고 보기보다는 '기회'로 보는 것이다. 이는 직원들과 경영진 모두가 현실의 당면 과제를 '기회'로 볼 준비가 되어야 함을 의미한다.

4차 산업혁명을
환영한다

지난 200년 동안, 경영진은 직원들을 대하는 관점을 수도 없이 바꿔왔다. 1차 산업혁명기에는 직원들이 일하는 데 필요한 것이 무엇인가 하는 실용성에 초점을 맞췄고, 2차 산업혁명기에는 직원들이 일을 최대한 효율적으로 하기 위한 생산성으로 초점이 옮겨갔으며, 3차 산업혁명기에는 직원들이 일에 더 몰두하면서 생산성도 향상시키고 고용도 늘리는 관점으로 이동했다. 그러나 일부 업무 생산성이 낮고 정신적 혹은 육체적 문제가 있는 직원들이 해고되는 상황이 발생해 고용 증가를 제대로 경험하지 못하기도 했다.

▌2018년 4차 산업혁명이 시작되어 모든 것이
직원의 '경험'에 맞춰졌다.[9]

오늘날의 업무는 직원의 경험, 즉 어떻게 하면 직원들을 위한 궁극적인 경험을 창출할 것인가, 어떻게 하면 직장에서 긍정적인 조직 문화를 만들어 직원들 스스로 조직의 가치창출에 효과적으로 기여할 수 있게 할 것인가 하는 것이다. 현재 기업들이 외부 고객 경험을 창출하는 데는 많은 시간과 돈, 에너지를 투자하는 반면, 내부 직원들의 경험은 소홀히 여기는 것이 다소 심각한 문제라고 본다. 이는 인간 존중 면에서 볼 때 불합리할 뿐만 아니라 조직 운영에서도 좋은 방법이 아니다.

▌4차 산업혁명 시대에 중요한 동력은 인구통계학,
▌기술 변화, 글로벌화다.

인구통계학: 우리는 더 오래 살 것이며 더 오래 일할 것이다!

우리는 앞으로 더 오래 살고 더 오래 일할 것이며, 이런 추세는 더욱 가속화될 것이다. 벨기에는 다른 유럽 국가나 미국과 비교하면 덜 심하지만, 실제로 벨기에인은 가능한 한 빨리 일터를 떠나기를 원하고, 한편으로는 정년 시기까지 조직 안에서 오랫동안 어울리고 존경받으며 근무한다. 이런 현상은 미국처럼 50, 60대에 직장을 잃은 뒤 저임금 직장에서 다시 일을 시작하는 근로 환경과는 확연히 대조를 이룬다. 그 이유는 미국 사회가 대부분의 유럽 국가에 비해 사회안전망이 약하기 때문이다. 미국의 베이비붐 세대는 우리는 할 수 있다#YesWeCan 혹은 우리는 선택권이 없다#WeHaveNoChoice라는 단언적 사고방식을 가지고 있다. 반면에 유럽이나 벨기에의 사정은 다르다. 이들 나라는 심지어 힘든 직업군(네

딜란드어로 zware beroepen이라고 한다)의 조기 퇴직을 허용하는 것에 대해서도 많은 논쟁을 벌이고 있다. 이들의 전문성과 활용도에 대한 정책이 만들어지고 효과도 이미 입증되었기 때문이다.

성별은 인구통계학의 중요한 요소이며 여성 노동력의 사회 참여가 확대됨에 따라 그 영향력이 전 세계적으로 커지고 있다. 한국 문화에서 노동에 대한 규범상 여전히 남성은 가장이고 여성은 주로 양육과 집안일을 책임진다는 성별 역할에 대한 고정관념이 있었다. 그러나 최근 많이 개선되고 있다.[10]

또한 인구 고령화에 따라 4대가 함께 현장에서 일하는 경우도 있다. 『100세 시대: 고령화 시대에 일하며 살기The 100-Year Life: Living and Working in an Age of Longevity』(2016) 연구에 따르면, 고령화 시대에는 오래 사는 만큼 더 많은 돈이 필요하다. 이런 관점에서 보면 장수 문화는 사회적으로 큰 과제를 안겨주고 있다. '70, 80세 세대까지도 일하거나, 적은 돈으로 살아가기' 중에서 하나를 선택해야 한다. 이는 우리가 진정으로 원해서 일하는 것 이상으로, 자신의 의지와 상관없이 더 오래 일해야 한다는 것을 의미한다.[11] 한국의 경우에는 이미 OECD 평균보다 높은 업무 시간을 기록하고 있기 때문에 더 오래 일하는 것은 이제 선택이 아닐 수도 있다. 한국 사람들은 2015년 기준 연간 평균 2,113시간 일하는데, 이는 멕시코 다음으로 긴 노동시간이다.[12]

기술 변화: 로봇이 일하는 새로운 디지털 세계에 용감히 대면하라

빅데이터와 사물인터넷으로 대표되는 새로운 기술은 기업 업무와 일상생활을 빠르게 변화시키고 있다. 새로운 기술들, 특히 인공지능, 머신러닝, 딥 러닝은 일상생활에 엄청난 영향을 미치고 있다. 현재 많은 사람의 일상 업무가 로봇과 컴퓨터로 대체될 위험에 놓여 있다. 반면에 경영진은 가장 비용 효율적인 방법으로 일하기를 원하는 상황이다. 컴퓨터, 로봇, 기계는 지치지도 않고, 아프지도 않고, 임신하지도 않고, 휴가를 쓰지도 않는다. 그들은 알고리즘에 근거한 합리적인 결정을 하며 사람들의 무의식적인 편견에 덜 민감하다. 그렇지만 우리가 하고 있는 많은 업무는 여전히 사람에 의해 수행되어야 할 필요가 있다. 공감 능력, 창의력, 혁신의 관점에서 생각해보자.

#새로운 디지털 기술이 가져오는 새로운 세상은 아무도 예측할 수 없고, 어느 분야에 어느 정도 변화를 가져올지 알지 못하는 실정이다. 노동시장의 변화 범위와 속도를 아무도 가늠하지 못하고 있다. 단, 이해관계자(직원, 관리자, 노조, 고객, 주주)들이 예측할 수 있는 것은 분명 HR 관련 업무에도 큰 변화가 있을 것이라는 사실이다. 그러나 디지털트랜스포메이션에 적극적인 회사들조차 그 변화 대상에 사람, 조직, 문화 전반의 변화를 일으키는 HR 관련 분야를 거의 포함하지 않는다는 사실이 그저 놀라울 따름이다.

새로운 기술을 통해 사람들은 특정한 업무로부터 자유로워질 것이며, HR은 직원들이 원하는 사항과 조직이 원하는 목적 사이 '연결고리 역할'에 집중될 것이다. 이 역할은 매일 우리의 시간을 잡아먹는 오퍼레이션 형태의 HR 업무보다 훨씬 더 전략적이어야 할 것이다.

글로벌화: 생각은 글로벌하게, 행동은 우리 수준에 맞게

유럽과 미국에서는 글로벌화에 반대하며 보호무역주의와 반글로벌화(브렉시트, 트럼프의 정책) 방향으로 전환하는 추세다. 그러나 국경을 초월하는 글로벌화 덕분에 노동시장에서 비용을 절감할 수 있으며 구인 구직도 쉬워지고 있다. 벨기에 기업들은 이제 세금과 사회보장 측면에서 다른 나라의 기업들과 경쟁해야 한다. 구인 구직은 더 쉬워지고 비용 절감 효과가 있을지 모르지만, 불행히도 불평등은 증가하고 빈부 격차는 더욱 커졌다. 특히 젊은 근로자들 사이에서 실업률이 큰 폭으로 증가했다. 이로 인해 벨기에 기업의 HR 부서는 국가별 법적 규제, 국가별 맞춤형 HR 업무, 팀의 다양성 측면에서 큰 과제를 안게 되었다.

　　미국과 유럽의 고용주들은 자신의 조직에 적합한 역량과 조건을 가진 직원들을 찾는 데 어려움을 겪고 있다. 예를 들어, 미국의 아마존은 확장하는 비즈니스 규모에 맞춰 향후 5년간 50만 명의 추가 인력을 뽑을 예정이다. 한국에서도 빠르게 성장하는 비즈니스 업종을 중심으로 대기업과 스타트업 기업 모두에서 새로운 인재가 요구된다. 2018년 말 기준으로 남자 직원 7만 5,748명, 여자 직원 2만 7,263명이 근무하는 삼성전자는 전년 대비 매출이 3.2% 증가했다.[13] 또한 음식 배달 스타트업인 배달의민족은 2018년 매출액이 전년 대비 80% 증가했고, 금융기술업체 비바 리퍼블리카Viva Republica는 월 10억 달러 거래를 돌파하며[14] 전략적 인재 관리가 필요한 유니콘 기업이 되었다. HR은 이제 국적과 무관한 인재 관리가 필요하며, 결원 직원을 채우기 위한 새로운 채용 방법을 사용해야 한다.

붕
괴

거시적 환경에서 이러한 변화(인구통계학, 기술, 글로벌화)는 노동시장과 근로자들에게 급격한 영향을 미친다. 현재 그리고 미래에 들이닥칠 새로운 도전은 이전의 도전과 비교할 수도 없다. 빠르게 변하는 기술, 더 까다롭고 덜 충성스러운 고객, 치열해진 경쟁과 복잡한 시장, 그리고 많은 전통적 산업의 붕괴로 인해 기업은 민첩하고 지속 가능한 비즈니스에 집중할 필요가 있다.

> #4차 산업혁명은 노동시장과 근로자에게 새로운 혁명일 뿐만 아니라, 조직경영과 HR에도 새로운 혁명이 뒤따른다는 것을 기억하자. 근본적인 일의 목적, 일하는 방식, 일하는 장소, 그리고 일하는 주체가 변화하고 있으며 앞으로도 계속 변화할 것이다.

직원들은 항상 시대에 앞서가고, 지속적으로 능력을 업그레이드하고, 직업을 혁신적으로 바꾸고, 스스로 커리어를 개발하기를 원한다. 이처럼 빠른 속도로 변화하는 전환기에 리더는 팀을 꾸준히 올바른 방향으로 이끌고 새로운 현실에서 긍정적인 경험을 쌓도록 해야 한다. 이들을 둘러싼 매니저, 구성원, 고객 등의 이해관계자들은 이러한 발전에 대해 현재 노동법 테두리에서 보호받는 근로자처럼 빈틈없이 주시하고 있다. 유럽은 전통적으로 갈등에 기반을 둔 사회적 협의 과정 모델을 지향하고 있다. 조직에서 자신의 역량을 의심받는 직원일지라도 고용주의 악의적인 결정으로부터 보호받고 있다. 지속적인 성장을 원하는 기업들은 단기적인 상황에 민감하게 반응하는 노조와 힘겨운 협의를 통해 파멸을 막는 노력을 사전에 한다. 그러나 일부 경영진은 오히려 아슬아슬하게 타협하는 분위기를 만들고, 불안한 사회 풍조를 조성하는 이러한 중간적 타협에 비관적인 시각이다. 그래서 이러한 중간적 타협을 이해관계자들의 윈-윈 솔루션에 대한 기회보다는 정면돌파하고 직면해야 할 필요악으로 본다. 미국의 경우, 상위 0.1%의 슈퍼리치 그룹과 이들에게 고용된 지식 노동자(상위 9.9%)를 합친 그룹 대비 하위 90% 근로자(나머지 근로자와 교육, 소득, 의료 측면에서 소외받는 비정규직 근로자)의 격차가 갈수록 심각하게 커지고 있다. 이들 '슈퍼리치 및 지식 노동자 10% 그룹'은 이제 새로운 귀족으로 분류되고 있다.[15]

#현재까지 HR 업무 방식은 사회 전반에 걸친 근본적인 변화에 대응할 명확한 솔루션을 조직에 제공하지 못했다는 점에서 무척 아쉽다. 기능 중심적 직무와 더불어 경직되고 융통성 없는 조직의 구조는 현재 계속되는 갈등 모드에 대한 해결책이 없기 때문에 근로자들은 점점 더 정신적으로나 육체적으로 힘든 상황을 호소하고 있다.

한국의 생산 인구 대비 비생산 인구의 비율Dependency rate (2020년 38.6%)은 OECD 국가들과 비교할 때 가장 낮은 수준이다. 그러나 낮은 출산율과 고령화 사회로 인해 한국의 생산 인구 대비 비생산 인구의 비율은 2065년에 117.8%에 달할 것으로 예상되면서 OECD 국가 중 가장 높을 것으로 예측된다. 이는 앞으로 국가의 미래 경쟁력과 생존력에 큰 위협이 될 것이다.[16]

벨기에에서는 2018년에 장기적 질환(20~64세 활동 인구 중 5%)과 번아웃(30~40세 연령대 중심)을 이유로 노동시장에서 더 이상 활동하지 않는 비활동 인구가 계속 증가하는 안타까운 통계가 나왔다. 비활동성 인재의 급속한 증가는 특히 걱정스럽다. 심리적 상황에 영향을 받는 장기적 질환 건수가 4년 만에 22%나 증가했다.[17] 비활동적 인구가 겪는 스트레스는 계속 증가해 그만큼 경제활동을 하는 사람들은 하루하루 점점 더 비싸지는 세금 청구서를 받아야 할 것이다.

한국의 비즈니스 구조는 전통적인 HR 시스템에 익숙한 대기업에 의해 주도되고 있다. 그렇기 때문에 신생 기업이 혁신적인 비즈니스를 통해 대기업과 경쟁하기에는 어려운 환경일 수도 있다.[18] 이러한 한국의 상황은 아마존, 페이스북, 스타벅스, 마이크로소프트와 같은 신흥 기술 기업들과 직원 500명 미만의 혁신적 인재, 유연한 조직 문화를 갖춘 신생 유니콘 기업들(대부분 IT), 그리고 4차 산업 기술을 바탕으로 하는 스타트업 회사들에 의해 주도되는 미국과 극명한 대조를 이룬다. 그러나 미국을 제외한 대부분의 나라 기업은 여전히 전통적인 HR 시스템으로 운영된다.

차이를
유의하라

새로운 형태의 변화에 대응할 수 있는 솔루션은 개인, 고용주, 사회적 측면이라는 세 가지 다른 관점에서 접근해야 한다. HR은 새로운 솔루션에 주도적 역할을 해야만 한다. 그러나 현재까지는 고용주의 기대와 요구, 조직의 우선순위 사이에서 어느 한쪽에도 설득력 있는 대답을 제시하지 못하고 있다.

벨기에의 경우 직원 대부분이 고용 안정성과 지속적 업무 유지를 중요하게 여기며, 고정직 고용 계약 형태를 선호한다. 벨기에 노동시장에서 이직률은 2015년 기준 5% 이하로 비교적 낮다.[19] 이직률이란 '노동시장에서 고용주, 경력 또는 지역을 바꾸는 비율'을 표시하며 고용주, 경력, 지역을 바꿀수록 이직률은 높아진다. 2018년부터 전 세계 많은 전문가가 과감히 직업을 바꾸고, 고정 계약보다 자유로운 형태의 고용 계약을 선택했음에도 불구하고, 대다수 벨기에 근로자는 여전히 유럽 다른 나라 사람들처럼 전통적인 고정직 고용 계약을 선호하고 있다. 이와 대조적으로 미국에서는 2년 주기로 이직하는 경우가 많은데, 이는 고용 형태가 이미 오래전부터 업무 중심으로 바뀌었고 '의미 있는 일자리'를 중요시하는 기준 때문이다. 그렇다고 이와 같은 차이를 바탕으로 벨기에 근로자들이 현상 유지에 집착한다는(즉, 골든 케이지 원칙) 비난은 적절치 못하다. 왜냐하면 벨기에 근로자들은 어릴 때부터 모험을 피하고 어려운 문제를 직접 떠맡는 것을 거부하는 문화적 환경에서 자랐기 때문이다. 아마도 베이비붐 세대가 노동시장을 떠나면 이런 추세가 바뀔지도 모른다. 또한 나이 든 근로자는 안정적인 노동시장을 선호하고 젊은 근로자는 그렇지 않다는 생각이 항상 맞는 것도 아니다. 벨기에 젊은이들 역시 안정적 고용을 선호한다는 사실을 몇 가지 연구 결과가 보여준다.[20]

2018년 기준 한국의 노동시장은 전체 고용직 직원 중 3분의 1이 계약직으로 일하고 있다. 이는 정규직과 계약직 구조의 이원화된 노동시장이 공공부문에 한정되지 않고 일반적으로 현실화되어 가고 있다는 것을 의미한다.[21]

#많은 일자리가 순식간에 사라지거나 콘텐츠가 빠른 속도로 바뀌는 것을 고려하면, 민첩한 조직만이 이러한 혼란에서 살아남을 것이다.

민첩한 조직들은 유연한 근무 형태의 직원을 선호한다. 이러한 직원들은 유연한 미래 역량과 전문성을 사전에 갖추어 조직의 유연한 경력 관리를 활용해 자신의 커리어를 조절하고 미래 성장을 위한 주도권을 행사하도록 해야 한다. 이러한 커리어에서 주도권 행사 여부는 자율성이 주어진 일자리와 자율성이 확보되지 않은 일자리 간 깊은 격차를 만든다. 매력적인 일자리와 매력 없는 일자리의 차이는 바로 다양한 경력관리를 가진 인재들에게 주어지는 '자율성'이다. 이는 경제학자 앨런 매닝Alan Manning이 말하는 '일자리 양극화'로 이어져 결국 중산층을 구성하는 어설픈 일자리가 사라지는 결과를 낳는다.[22]

스스로 자신의 역량을 발전시키지 못하는 사람들과 단순하고 반복적인 업무에 만족하는 사람들은 그들의 직업이 사라지는 광경을 두 눈으로 확인하게 될 것이다. 벨기에의 철도역 매표소 직원들을 생각해보라. 그들은 대부분 자동 매표기로 대체될 것이고, 미국 슈퍼마켓의 계산대처럼 셀프 체크아웃 기계로 대체될 것이다.

이런 도전에 대한 해결책은
매우 복잡할 것이다.
그리고 해결을 위해서는
개인, 고용주, 사회 모두의
합의가 이루어져야 함이
분명하다.
HR은 이 변화 과정에서
전문가들과 유연한
고용 형태를 맺기 위한
에코시스템 구축과
미래 역량을 구축하기 맺기 위한
구성원들의 육성 전략에
주도적 역할을 맡을 것이고
앞으로 그 역할을 수행해야 한다.

인재와 HR이
얼마나 필요할까?

기업의 임원들은 직원이 가장 중요한 자원이라고 외치지만, 실제로 조직의 현실은 인건비 절감에 초점을 맞추고 있다. 변화무쌍하고 불확실한 글로벌 환경에서 노동에 대한 시장의 수요는 예측할 수 없다. 따라서 기업들은 외부 변화에 민첩하게 대응해야 한다. 조직 내에서 핵심적 위치에 있는 인재들에게 유연한 근무환경을 만들어줄 수 있다면 가장 좋은 방법이 될 것이다. 피터 카펠리 Peter Cappelli는 인력의 수요 공급에서 수요의 불확실성을 줄이며 직원과 고용자 사이의 균형적인 인재 관리 전략이 필요하다고 했다. 이는 다음 네 가지 영역에 따라 인재의 수요공급 균형이 결정된다.[23]

- 이 인재는 얼마나 오랫동안 필요한가?
- 나의 인재 수요 공급 예측은 얼마나 정확한가?
- 이 인재는 우리가 중요시하는 역량 체계 안에 있는가?
- 이 인재는 현재 조직 문화를 유지하고 더 나은 미래

성장을 위해 얼마나 중요한가?

우리는 변화에 유연해져야 한다. 그 이유는 우리가 심사숙고한 끝에 변화하고자 할 수도 있지만 때로는 상황이 우리가 변화하도록 만들기 때문이다. 필요한 해결책은 조직 내에 존재하지도 않으며 때로는 인지하지도 못하는 새로운 미래 역량을 요구한다. 이러한 새로운 역량 중 일부는 실제로 조직 안에 있을 수도 있지만, 우리가 알고 있는 기존 직무 기술서 및 프로필에 표현되지 않을 수도 있다.

간략히 말해, 우리는 '뉴노멀'한 현실에 살면서 스스로 익숙지 않은 새로운 환경에 적응하며 변화하는 법을 배워야 한다. 미래의 커리어는 계속해서 변화할 것이고, 때로는 매우 불리한 환경으로 바뀔 것이라는 걸 받아들여야 한다.

미국과 유럽의 트렌드는 더 깊은 고도의 전문가일수록 하이브리드 형태의 프리랜서와 계약직을 선호할 것임을 보여준다.[24] 그러므로 개인 노동자에게, 자기계발을 위한 끊임 없는 평생학습 혹은 커리어 교육은 변화의 혼란 속에서 살아남기 위한 기본적인 조건이다. 하지만 현실은 녹녹지 않을지도 모른다. 한국의 노동 자료에 따르면 대기업에서 계약직 근로자의 급여는 정규직 근로자 급여의 65%에 불과하다. 또한 정규직 직원에 비해 복리후생, 고용 안정성, 승진 기회 등에서 제한적이다. 게다가 계약직 근로자는 불리한 스펙의 근로자와 여성이 더 많다.[25]

반세기 전, 미국 철도계의 거장 앨프리드 에드워드 펄먼Alfred Edward Perlman은 "배움은 21세기 대부분의 성인이 생계를 위해 해야 할 일"이라고 예측했다. 그의 예측은 오늘날까지 유효하다. 프레데리크 안세일Frederik Anseel 교수, 린 보사르트Lien Vossaert 연구원, 그리고 HR 전문가 데이비드 듀체인David Ducheyne, 프랑크 판더르 세이퍼Frank Vander Sijpe는 네덜란드어로 쓴 저서 『일의 개인화: 신화와 현실Personaliseren van Werk - Mythes & Feiten』(2018)에서 고용 안정성에 대한 환상을 버리고 일의 안정성을 위해 변화해야 한다고 제안한다. 근로자의 경력이 안정적이면 항상 일은 준비되어 있을 것이다. 조직은 안정적인 경력을 가진 직원을 끊임없이 원할 뿐만 아니라, 끊임없이 성장하기 위해 다른 역할도 맡길 준비가 되어 있어야 한다.[26]

HR 무용론,
관점이 차이를 만든다

업무처리 측면에서 볼 때 HR이 하는 일의 50%는 가까운 미래에 자동화될 것이고, 80%는 가까운 미래에 더 이상 하지 않을 것이라고 예측한다. 여기에서 가까운 미래는 앞으로 2년에서 5년 사이가 될 것이다. 첨단기술의 발전으로 인해, 컴퓨터와 로봇은 사람보다 더 효율적이고 생산적으로 일을 수행할 것이다.

이러한 현실에서 HR을 바라보는 견해로는 두 가지 부류가 있다.

첫 번째 부정적 견해는 자동화로 인해 HR 무용론이 된다는 시각이다. 점점 더 벌어지는 빈부 격차, 급여의 차이, 교류의 제한 등으로 HR의 역할 자체가 의미 있을까 하는 회의적인 시각이다.

두 번째 긍정적인 견해는 기회에 초점을 맞춘다. 만약 일상적인 HR 업무의 80%가 알고리즘에 의해 자동화된다면, 이를 계기로 HR은 직원들의 진정한 직원 경험과 관련된 활동에 집중할 시간을 갖게 된다. HR 업무의 80%를 차지하는 일상적 업무에 대한 부담이 줄어들면 그만큼 전략적인 가치에 더 많은 시간을 활용할 거라고 보는 것이다. 첨단기술의 혜택으로 HR은 더 정확한 데이터를 기반(읽기: 증거 기반)으로 결정을 내릴 수 있으며 진정으로 사람에게 집중할 수 있게 된다.[27]

HR,
최후의 경종이 될 수 있다

많은 HR 담당자가 다가올 변화에 여전히 둔감한 것 같다. 세상이 급변하고 있다는 사실을 부인하지는 않지만, 자신은 변화에 대응할 민첩성이 부족하다는 것을 알고 있으며 변화에 대한 확신도 없는 것 같다. 아마도 이것은 과도한 자신감이나 어색한 자만심 때문일 것이다!

페터르 힌센은 이것을 '아이젠반샤인베베궁Eisenbahnscheinbe-wegung'이라고 부르는데, 옆의 선로에서 열차가 움직이기 시작할 때 정지된 열차에 앉아 움직이는 옆의 열차를 보는 듯한 느낌을 가리킨다. 여기서 뇌는 사실과 반대로, 자신이 움직이고 다른 열차는 정지해 있다고 생각한다는 것이다.[28]

이런 현상처럼 HR 스스로 무언가를 혁신해 부가가치를 창출하지 않는 한, HR은 조직에서 쓸모없어질 것이다. HR은 '인재의 가치'에 대해 새롭게 정의 내려야 하며 아직 조직에서 보유하지 못한 역량에 대해 검토하고 그 대안을 제시하는 대체 모델을 만들어야 한다. 요즘같이 부서 이기주의 문화가 팽배한 조직에서는 HR의 역할이 무엇보다 중요하며, 특히 회사 내외 이해관계자들 간 공동체적 관계를 구축하기 위해 노력해야 한다. HR은 CHRO[Chief Human Resource Officer]가 되기보다는, 고용주와 직원들 사이에서 그 관계와 의미를 연결해 현실에 적용시키는 최고 적용책임자, 즉 CAO[Chief Adaptibility Officer] 역할을 해야 하며, 직원들의 업무환경 개선과 조직의 성과를 극대화하기 위한 '직원 경험' 설계자 역할을 더 잘해야 한다.

> #폴 그레이엄Paul Graham은 2010년 『스타트업 아이디어를 얻는 방법How to Get Start-up Idea』에서 "미래를 내다보고 살면서 필요한 부분을 만들어야 한다"고 했다.[29] 이 책이 우리에게 미래를 내다보는 출발점이 된 것으로 보이며 우리가 #ZigZagHR을 쓴 바로 그 이유와 같다.

비록 많은 회사가 고객 중심 경영정책을 펼치고 있지만, 아직까지 회사의 내부 고객인 조직 내 직원(정규직 직원, 프리랜서, 단기 계약 또는 긱워커)에게는 별로 신경을 쓰는 것 같지 않다. HR의 경우에도 내부 고객 중심의 업무를 진행하지 않고 여전히 HR 자신의 업무를 더 쉽게 해주는 프로세스, 정책 및 절차를 중심으로 움직이고 있다.

> 우리는 기존 HR 업무와 동시에 새롭게 다가올 미래 HR 업무를 위해 새로운 #ZigZagHR 구조와 그에 맞는 #ZigZagHR 역량을 제안한다.

우리는 HR 핵심 활동을 미래에도 계속할 것인지, 아니면 더 이상 가치 없는 것으로 판단해 중단할 것인지, 혹은 새로운 혁신적 방법을 도입할 것인지 전략적인 결정을 내려야 한다.

#ZigZagHR은 조직의 규모가 작거나 크거나, 범위가 국내에 한정되거나 글로벌 지향이거나, 전통적 성향이거나 혁신적 성향이 거나 관계없이 모든 회사가 채택할 수 있는 새로운 HR 프레임워크 를 제안한다.

> #혁신적 기업들은 현재의 인재 관리 시스템만으로 충분하지 않다. 혁신적 기업들은 맞춤형 인재 관리가 필요하다는 것을 알면서도 동시에 법적 요건 및 조직원과 세운 원칙을 준수해야만 한다. 혁신적인 기업들은 직원의 경험에 대한 중요성을 알고 있으며 동시에 이해관계자들의 다양한 요구와 의견을 고려하는 것도 필요하다는 것을 알고 있다. 혁신적인 기업들은 기존의 HR 역량을 가진 사람들과 이를 보완하는 미래의 새로운 역량을 가진 사람들의 역량을 동시에 활용하는 #ZigZagHR 프로파일을 적극적으로 찾으려 끊임없이 노력해야 한다.

실질적인 HR 혁신이 실리콘 밸리에 있는 거대한 글로벌 기업이나 『포춘』 선정 대기업에서 나올 필요는 없다. 벨기에 루셀라 레나 미국 앨라배마주 버밍엄이나 한국의 작은 스타트업 기업의 민첩하며 혁신적인 HR 팀에서도 시작할 수 있다.

우리의 네 가지 #ZigZagHR 모델은 다음 장에서 간략하게 검토하고 각각의 기능에 대해 자세히 설명한다.

- #ZigZagHR 인력
- #ZigZagHR 역량
- #ZigZagHR 커리어
- #ZigZagHR 운영

요약

인구통계학적 변화, 기술의 발전, 글로벌화 과정을 통해 현재 우리가 경험하고 있는 4차 산업혁명은 직원의 업무와 관련해 새로운 변화를 요구한다. 이러한 새로운 변화는 인재 경영에 대한 관점을 새롭게 요구하고, HR에서 주도해야 하는 고용주와 직원들의 생활 환경을 풍요롭게 만들 수 있는 윈-윈 솔루션을 요구한다. 첫 장은 다음 몇 장에서 자세히 설명할 #ZigZagHR 모델을 설명하기 위한 실제 현실을 보여준다.

과감히
원칙에서 벗어나
행동해야 한다

제2장

#ZigZagHR 모델

지그재그 네 가지 모델 측면에서 HR 현상을 바라봐야 한다.
즉, 조직원이 바라는 부분에 과감한(Dare) 변화를 주기 위해서 원하는(Want) 바를 찾아 빠른 가정하에(May) 가설을 정해서 할 수 있다는(Can) 믿음으로 빠른 성과를 창출해야 한다.
몇 년에 걸쳐 HR은 현실 상황에 보조를 맞추기 위해 부단히 노력했지만, 빠르게 변화하는 시대의 요구에 실질적으로 적응하지 못했다.
이에 따라, HR에 대한 다른 부서의 불만이 계속되고 있다. HR을 향한 비난에 방어적이고 불평을 늘어놓기보다는 HR이 지금까지 달성한 성과를 바탕으로 새롭게 준비해야 하는 변화에 대한 전략적인 지그재깅 과정이 필요하다.
이 장에서는 네 개의 축으로 구성된 #ZigZagHR 모델을 소개한다.
#ZigZagHR 인력
#ZigZagHR 역량
#ZigZagHR 커리어
#ZigZagHR 운영

수렁에 빠진
HR

    HR의 기원은 20세기 초반 엄격한 앵글로색슨 문화를 표방하는 지구 북반구에서 시작되었으며, 고용주들이 신흥 노동법을 준수하기 위한 조직의 행정적 기능에 따라 발전했다. 그리고 제2차 세계대전 이후, 개인의 심리 평가 결과psychological selection tests를 반영하는 미국 방식에 따라 HR의 역할이 굳어졌다. 초기에는 조직 내 직원에 대한 HR 업무가 법적 사항을 준수하는 활동에 초점을 맞추었다. HR의 행정적 기능은 당시 회사들의 비즈니스 모델을 반영한 결과였다. 수십 년 후 본격적인 산업화를 통해 신생 기업들이 새롭게 출현하면서, HR의 역할은 조직 내 핵심 인재들에 대한 전략적인 관리로 확대되었다. 그러나 HR의 전문적인 노력에도 불구하고 HR의 역할은 조직 내 부가가치 측면에서 최고 경영진에게 인정받지 못하는 처지가 되었다.

HR과의
애증 관계

지난 몇 년 동안, HR 안팎에서 조직 내 HR의 역할에 대한 비난이 많이 접수되었다. 그런 불만 사항은 HR과의 애증 관계로 이어졌다. 외부에서는 HR에 대한 불만을 표출했고, HR 부서는 자신들의 직원 관리 역할을 정당화하기 위해 애썼다.

키스 H. 하먼즈Keith H. Hammonds는 2005년 8월 『패스트 컴퍼니Fast Company』에 발표한 「우리는 왜 HR을 싫어하는가Why We Hate HR」라는 글에서 20년 동안 조직의 전략적 동반자가 되었던 HR에 대해 이야기한 뒤, 조직의 역할과 달리 대부분의 HR 직원은 전략적이지 않았으며 리더십도 없었다고 주장했다. 또한 이와 관련된 이유를 다음과 같이 설명하고 있다. 첫째, HR 직원들은 반드시 최고가 될 필요는 없었으며 가장 똑똑할 필요도 없었기 때문이다. 둘째, HR은 '가치' 대신 조직의 '효율성'을 추구하는 데 기여하길 바랐기 때문이다. 셋째, 과거의 HR이 직원들을 위해 일하지 않았거나 신임하지 않았기 때문이다. 넷째, 최고 경영자나 그들의 신복이 HR을 신임하지 않았기 때문이다.[1]

10년 후, 피터 카펠리는 『하버드 비즈니스 리뷰』(2015년 7-8월)에 발표한 「우리가 HR을 싫어하는 이유와 HR이 할 수 있는 것은 무엇인가」란 글에서[2] HR 기능에 대한 불만은 비즈니스 맥락(노동의 수요와 공급의 불균형)에 따라 더 고조되고 있으며, HR 관리자들은 직원의 관리에 너무 집중하기 때문에 조직에 필요한 '비전과 전략적 통찰'이 부족하다고 설명했다. 또한 그는 이에 대한 다양한 해결책도 다음과 같이 제안했다. "1950년대 이후 개발되었던 HR 프로그램들을 검토해보고 중요한 비즈니스 이슈와 부합되는 HR 프로그램을 활성화하는 반면에, 비즈니스와 관련 없는 HR 프로그램들은 빠르고 과감하게 없애야 한다."

　　램 차란Ram Charan은 『하버드 비즈니스 리뷰』(2014년 7-8월)에 「지금은 HR을 분할할 때다」라는 글을 기고해 문제를 진단하고, 결과를 예측하고, 가치를 창출할 역량 있는 사람들을 발굴할 수 있는 진정한 전략적 파트너로서 CHRO가 필요하다고 제안했다.[3]

　　이러한 HR의 가치와 역할에 대한 논란은 HR의 전문성 부족에 대한 의견으로 증폭되었다. HR 교육을 받았는지 여부와 HR 관련 역량이 있는지 여부에 상관없이 원하는 누구에게나 HR 부서는 개방되었다. 또한 전문적인 HR 교육(대학 교육 또는 기타 자격 증명)을 받지 않은 사람 중에서 본인의 선택보다는 우연한 기회에 자신의 HR 능력을 발견하곤 한다. 그렇지만 오늘날에는 HR 관련 대학 과정과 전문기관의 인증 프로그램이 증가함에도 불구하고, HR 업계의 문턱이 높아지고 있다.

그러나 HR 전문가를 위한 과정은 대학 교육을 통해서든 전문적 훈련 과정을 통해서든 새롭게 개발될 필요가 있다. 기존 교육 모델은 과거의 비즈니스 모델에 바탕을 두고 있어 여전히 실제로 일어나는 현실과 많은 차이가 있으며[4] 최근의 비즈니스 환경과 인재들을 위한 접근 방식에서 한참 뒤떨어지는 경향이 있다.

또한 HR의 실무적 능력은 마케팅, 회계, 재무 등 다른 경영 분야와 비교해 잘 설명되지 않기 때문에 성공적인 HR 프로그램이라고 판단하기가 쉽지 않다.

HR과 소통은 이제 그만?
안 되지!

당연히 그러면 안 된다!

계속되는 HR 때리기에도 불구하고, 대부분의 사람이 동의하는 HR 업무는 가장 우수하고 똑똑한 사람들을 끌어들이고, 그들이 회사에서 오랫동안 일하게 만들며, 그들이 혁신적 업무를 할 수 있도록 도와주는 역할이라고 한다. 비즈니스에서 경쟁자들도 유사한 형태의 기술과 서비스로 접근할 수 있지만, 본질적으로 다른 회사와 차별화할 수 있는 방법은 조직의 인재 전략과 이를 바탕으로 하는 혁신 문화다.

신생 스타트업 기업들은 비즈니스 시작 시점에서는 HR 부서의 기능을 간과하고 직원 개개인들의 역량과 능력을 주로 활용하는 경우가 많다. 대신 많은 직원을 고용하고 나서야 비로소 조직 문화를 강조하며 이와 관련된 HR 부서의 역할을 요구한다. 이러한 많은 스타트업 기업에는 혁신적이고 진보적인 HR 관행을 옹호하고 실험하며 인력 관리의 가치에 대한 열정을 보여주는 개인, 그룹 및 네트워크가 있다. 그러나 이들은 주류 HR을 벗어나 있으며 자신과 HR 부서 사이에 거리를 두는 경향이 있다. 최고의 HR은 아마도 더 이상 HR이 아닐 것이다!

공룡과
박스들에 대하여

오늘날 HR은 인구통계학적 변화, 디지털 기술의 발전, 글로벌화의 영향에 면역이 안 된 상태에서 타격을 심하게 받고 있다. 특히 20세기 전통적인 비즈니스 모델에 기반을 둔 조직은 그 타격이 더욱 심하다. 자동화 시스템 및 인공지능은 오늘날 HR 담당자들이 맡고 있는 많은 일상적 HR 업무를 대체하며, HR 전문가들 역시 이러한 트렌드를 피하지 못할 것이다.

만약 HR 부서가 빠르게 변하는 포스트 코로나 4차 산업혁명과 연동되어 변화하는 물결에 적응할 수 없다면, 기존의 조직은 현재 상상하는 것보다 더 빨리 예전 공룡들이 걸었던 길을 갈 수밖에 없다.

> 조직이 단단해지고 지속적인 혁신을 하기 위해서는,
> HR 부서가 조직 밖의 현실을 볼 수 있는 시야를 갖추어야 하며
> 새롭게 사고하고 행동하는 혁신 방법도 배워야 한다.

#우리 조직에서 HR 담당자가 적용할 '3박스 프로세스'는 법률 준수 및 부가가치 활동 측면에서 필요한 현재의 HR 활동을 관리하고(박스 1), 더 이상 새로운 가치 창출에 도움이 되지 않는 과거의 HR 활동을 선별적으로 과감히 제거하며(박스 2), 미래를 위한 혁신적 활동을 위해 새롭게 창출할 것(박스 3)을 요구하는 것으로 시도해보자.

HR이 재창조되어야 한다는 것에는 의심의 여지가 없다. 우리는 그저 최신 유행을 채택하고, 자리를 재확인하고, 비즈니스와 파트너 관계를 맺는 것이 아니라 인력 고객을 잊고(반대도 마찬가지), 점진적 개선 또는 기타 외관 변화를 만드는 것에 대해 이야기하는 것이다. 이것은 단순히 우리가 타이태닉호의 갑판 의자를 재배치한다는 것을 의미한다! 어떻게 하면 HR을 진정으로 전환하여 현재와 미래의 업무 및 작업자의 요구를 충족시킬 수 있을까?

조직을 혁신하고 빠른 실행을 위한 접근 방식으로 '3박스 이론'을 소개하고 싶다. 『하버드 비즈니스 리뷰』에 실린 비제이 고빈다라잔Vijay Govindarajan과 크리스 트림블Chris Trimble의 「비즈니스 모델 재창조에서 CEO의 역할」이라는 글에 혁신을 선도하기 위한 '3박스 솔루션 전략'에 대한 설명이 나온다.[5] '박스 1'은 일상적인 비즈니스 성과를 향상시키는 활동 인식하기, '박스 2'는 현재의 지배적인 논리를 파괴하고 새롭게 혁신할 활동 이야기하기, '박스 3'은 진정으로 혁신적 사업으로 바꿀 수 있는 활동과 아이디어 실현이다.

7장에서 '3박스'라는 개념을 확대하고 이것이 HR에 구체적으로 무엇을 의미하는지 자세히 설명한다.

조직 문화의 중요성
(그게 바로 문화야… 멍청아?)

HR을 새롭게 하는 시점에서 다양한 이해관계자들로부터 많은 것에 대한 요청을 받는다. 여기서 HR이 중요하게 생각할 점은 기존 업무에서 탈피해 자신의 안전지대를 박차고 나가는 것이다. 더 전략적이고 더 데이터 중심적이어야 한다. '조직 문화'와 '목표 지향적 조직'에 대한 중요성을 강조하고 싶다. 우리는 또한 직원의 자발적 참여를 통해 생산성을 향상시켜야 한다는 요구를 많이 듣는다. 로버트 퀸Robert E. Quin과 앤전 타커Anjan V. Thakor는 2018년 『하버드 비즈니스 리뷰』에 발표한 글에서 사람들이 더 높은 목표를 추구할 때 강한 에너지와 창의성을 발휘한다고 말했다. 그러므로 구성원들이 조직 내 현재 수준에 안주하지 않고 더 높은 목표를 구축하며 위험을 감수하고, 새롭게 배우고, 자신들의 역량을 향상시키도록 해야 한다.[6]

> **목표 지향적 조직을 위해서는 조직 문화에 대한 관심이 필요하다.**
> **조직 문화를 위해서는 당신이 무엇을 하는가보다 어떻게 하는가가 더 중요하다.**

에드거 샤인Edgar Schein의 말에 따르면 문화는 '문제를 해결하는 방법'이다.[7] 여기서 조심할 점은 진실성, 공감, 신뢰, 투명성과 같은 핵심 가치는 문화와 세대에 따라 달라진다는 점을 고려해야 한다는 것이다.

조직 문화의 모든 것은
조직의 구조와 관련 있다!

　　조직 문화를 개발하는 것이 무엇보다 중요하지만, 혁신적 HR의 역할은 조직의 구조에 관한 것이 더 우선이다.

　　자포스, 구글, 페이스북과 같은 글로벌 회사들 역시 조직에서 HR 역할과 조직 문화의 중요성에 대해 많은 도전과 채찍질을 받고 있다. 대부분의 조직은 번거로운 기존 시스템에 둘러싸여 있어 새로운 환경에 대응할 민첩성을 갖추지 못하고 있다. 더구나 신생 기업이 아닌 전통적인 조직은 기존 시스템 때문에 처음부터 다시 시작할 수도 없다. 이런 상황이어서 현재의 일반적인 HR 역할인 법적 사항 준수, 불만사항 처리, 이슈 점검, 기록 보관, 보상 관리 및 관리 의무에 관한 업무는 조직이 민첩해지기 어렵게 만든다.

　　HR은 고용 측면에서 늘어나는 규제에 따라 움직이다 보니 복잡한 상황에서 운영된다. 이러한 구조와 관련해, 유럽에서는 특히 고용주와 피고용인 간 단체 업무 협약을 협상하는 협의체로서 공동 위원회(벨기에의 paritaire commités, 네덜란드의 paritaire commissies)의 역할에 대해 특히 생각한다.

최근 한국에서 시행된 새로운 고용법(2019년 7월 17일 시행)은 30명 이상의 근로자가 근무하는 기업들이 인터뷰에서 구직자에게 가족, 출생지, 결혼 여부, 재산 소유 상황에 대해 물어보는 것을 허용하지 않는다. 또한 기업들이 직무와 직접 관련 없는 키와 몸무게 같은 외모 관련 질문도 금지한다.[8]

특히 미국에서는 근로자와 고용주의 법적 분쟁에서 고용주의 법적 책임이 증가하고 있다. 미투#MeToo운동을 생각해보라. 이제는 HR이 일방적 형태의 행정 업무에서 쌍방향 커뮤니케이션 역할로 바뀌어야 한다는 요구가 많지만, 미래 조직에서도 HR이 맡고 있는 행정적, 구조적, 노무 관련 및 법적 사항 준수 역할은 여전히 비중 있고 중요하게 수행되어야 하는 업무임을 인지하자.

#ZigZagHR
모델

미래의 HR 업무는 경영진에게 직원의 가치를 인정하고 새로운 조직 문화를 만들기 위해 노력하게 하며 조직 구조를 새롭게 설계할 필요를 느끼게 하는 것이다. 이에 맞춰 HR의 새로운 가치는 기업의 정책을 절차에 맞게 실행하는 역할, 단순한 개발 역할이 아닌 인사 담당자가 진정한 직원 경험 설계자로 진화할 필요가 있다는 것을 의미한다.

▌기업은 고용주의 기대와 근로자들의 기대가 충족되는 지점을 찾아야 한다.

새로운 HR 아키텍처는 조각들을 조립해서 사용하는 이케아 가구처럼 여기저기 다양하게 적용되는 그런 모델이 아닐 것이다. 혁신적인 HR 업무는 크고 성공한 조직에서부터 탄생해 다른 조직이나 회사까지 확대해서 적용될 수 있는 모범적 공통 사례가 아니다. 단순한 복제로는 충분하지 않다. 새로운 HR 아키텍처는 유연해야 하고, 내가 속한 조직의 오늘과 내일, 그리고 미래의 조직에 적용될 수 있어야 한다. 새로운 HR 아키텍처에 필요한 요소는 시대에 부합한 민첩성, 그 니즈에 대한 즉각적인 반응성, 구성원에 대한 개인화, 직관적이고 쉬운 단순성, 실제 의미를 부여하는 진실성 및 신뢰에 기반을 둔 투명성이다. 이제 더 이상 표준화된 일률적 접근은 적합하지 않다.

> **각 조직은 오래된 전통적인 스타일에서 새롭고 혁신적인 과정으로 변화하는 과정을 통해 자신을 발견하고 양쪽의 극단적인 상황이 요구하는 방식을 만족시키며 지그재그 형태로 전략적으로 진화해야 한다.**

#ZigZagHR은 조직의 가치와 장점을 유지하기 위해 인재 관리를 해야 하지만 신생 조직이 아니라면 과거의 HR 관행들을 완전히 없앨 수 없다.

#ZigZagHR은 단순히 HR 직무에 더 많은 역량을 추가해 기존에 하던 일을 더 잘하게 하는 것이 아니라, 직원들에게 조직의 인재 관리 기능을 경험하게 하고 상황에 맞는 변화를 위한 HR 아키텍처를 새롭게 구축하는 것이다.

대부분 조직에는 현재 하고 있는 HR 업무가 있어, 아무것도 없는 백지상태에서 지그재깅을 새롭게 진행하는 것이 아니라 기존 업무에 가장 적합하도록 적용하는 과정이 필요하다. 고려해야 할 이해관계자도 많다. 직원, 노조, 경영진, 정부, 그리고 엄격한 법적 노무 환경에 있는 다양한 고객을 생각해보라. 이러한 이해관계자들과 고객의 요구사항은 지속적으로 유지되고 관리되어야 하는 반면, 조직이 운영되고 있는 비즈니스 세계의 법률적 환경, 문화적 배경은 계속 변화하고 있다.[9]

변화는 일정한 속도로 다가오지 않는다. HR은 늦기 전에 예상되는 혼란을 잠재우고 새롭게 혁신해야 한다. 즉, 지그재그를 해야 한다. 왜냐하면 변화의 딜레마로 인해 HR은 어려움에 직면할 것이기 때문이다. 물론 계속해서 운영해야 할 HR 기능들은 있다. 예를 들면 법적 사항 및 노무적 대응, 계약 사항 등은 HR이 계속 운행해야 하는 일이다. 그러나 이와 같은 업무에 대한 주요 활동들은 앞으로 데이터 중심적으로 변환되어야 하고 인간의 경험을 바탕으로 하는 혁신적인 솔루션으로 변화할 필요가 있다.

#ZigZagHR을 한다는 것은 우리에게 필요한 전통적인 HR 업무를 유지하면서 보다 진보적이고 혁신적인 HR 업무를 채택한다는 것을 의미한다. #ZigZagHR은 현재 우리의 상황이, 하지 말아야 할 일을 하고 있으며 이러한 사실에 힘들어한다는 가정을 통해 시작한다. 그리고 내부와 외부의 변화에 즉각적으로 대응하며 다른 조직과 다른 산업 분야를 살펴보며 새로운 통찰력을 얻는다.

#HR은 늘 원칙 안의 접근 방식에 익숙해 있고 오히려 미지의 것을 두려워하기 때문에, 이 장의 부제를 '과감히 원칙에서 벗어나 행동해야 한다'로 정했다. 실제로 HR은 항상 원칙에서 벗어난 행동을 하지Dare 못하고, 변화에 저항하고 급격한 변혁을 믿지 않기 때문에 원하지Want 않으며, 경영진과 고위 임원들의 영향 때문에 어쩔 수May 없고, 방법을 모르기 때문에 할 수Can 없다고 여겨왔다.

우리는 HR이 #ZigZagHR을 통해 새롭게 깨어날 수 있다고 확신한다. 그렇다면 어떻게 해야 HR과 내 조직이 새롭게 혁신할 수 있을까? 어떻게 하면 직원들에게 더 많은 참여를 유도하고 회사를 매력적인 일터로 만들 수 있을까?

우리는 #ZigZagHR을 변화를 위한 하나의 촉매로 본다. HR 혁신이 어디부터 어떻게 해야 할지 모르는 상황에 대한 두려움을 없애주고 HR 혁신을 조직에서 제도적으로 뿌리내리게 도와준다. 이를 통해 HR 실무를 한 단계 업그레이드할 수 있다.

#ZigZagHR은 조직 내부와 외부 환경을 진단하고, 비즈니스 목표를 달성하기 위한 최적화 전략이다. 또한 변화에 즉각적으로 대응하고, 혁신적이며, 데이터 중심으로 실행할 수 있는 협업적 경험이다. 오늘날 우리가 지그재그로 나아가는 혁신적인 HR 역할이 이미 가까운 미래에는 쓸모없게 될지도 모른다.

#ZigZagHR
모델의 축

    #ZigZagHR 모델(〈그림 1〉 참조)을 보면, HR은 네 개의 주요 축이 중심이 된 에코시스템으로 이루어지며, 조직은 기존 HR 업무에서 혁신적인 HR 업무로 지그재그 형태로 움직인다. 이 장에서는 #ZigZagHR 모델에 대해 #ZigZagHR 인력, #ZigZagHR 커리어, #ZigZagHR 역량, #ZigZagHR 운영으로 나누어 간략히 설명하고 다음 4장에서 자세히 설명하겠다.

#ZigZagHR 인력

    노동력의 구조는 빠르게 변화하고 있다. 고용의 형태를 분류해보면 전체 노동력에서 비정규직 노동력의 비율이 급성장하고 있다. 긱이코노미 고급 전문가, AI 솔루션, 로봇, 프리랜서 등 더 이상 전통적인 고용 형태에 속하지 않는 아웃소싱 인력을 생각해보라. 월요일부터 금요일까지 꽉 채워 근무하고 싶지 않은 밀레니얼 Z세대와 다양한 고용 형태로 변화하고 있는 유연한 노동환경에 따른 HR의 역할과 이에 대한 고려사항은 무엇인가?

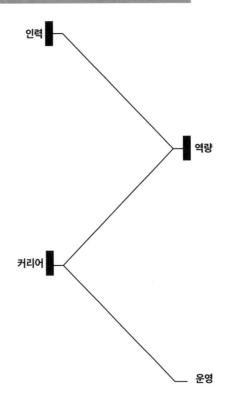

인력

역량

커리어

운영

다양한 근로시간과 근로계약 형태가 점점 더 요구되고 근로자의 경우도 재택근무가 확산되며 개인의 삶을 중요시함에 따라, 직장에서 자신의 일에 대한 가치와 진정성을 요구한다. 따라서 조직 안에서 DIBS 개념(Diversity-다양성, Inclusion-포용성, Belonging-소속감, Support-전향적 지원)의 필요성이 점점 더 높아지고 있다. 인재 채용 방식도 단순한 외부의 헤드헌팅으로 대표되는 소싱

에서 내부, 외부, 전문 직무에 다른 프로젝트 오픈 소스, 지인 추천 등으로 진화하고 있다.[10]

동시에, 인공지능과 머신러닝의 발달로 일반적이며 단순한 반복을 요구하는 많은 HR 업무 활동이 인공지능 알고리즘에 의해 없어질 가능성이 있다. 이에 따라 인사 관리는 기존의 인재 채용, 직원 관리 등의 HR 업무보다 직원들의 '경험'과 새로운 조직 및 계층 간 '갈등'(조직문화, 온보딩, 다양한 교차 근무자 지원, 개발자와 팀장 간 갈등, 성과 보상, 팀워크, 코칭 등)을 줄이는 데 주력할 것으로 보인다.

#ZigZagHR 역량

새로운 HR 업무의 구조는 기존의 HR 역량을 뛰어넘는 새로운 전문성을 기반으로 한다. 『HR 가치 제안The HR Value Proposition』 (2005)에서 데이브 울리히Dave Ulrich와 웨인 브록뱅크Wayne Brockbank 는 일상의 HR 업무는 이제 더 이상 HR의 가치를 향상시키지 못한다고 주장한다.[11] 실제로 HR 가치는 외부의 비즈니스 현실과 조직의 내외 이해관계자들에 대한 깊은 이해를 바탕으로 창출된다.

기능적인 영역을 담당하는 전통적인 HR 업무는 혼자 학습을 통해서도 수행할 수 있다. 기본적으로 온라인 혹은 HR 인증 프로세스(PHR, SPHR, GPHR, SHRM-CP, SHRM-SCP, CIPD 등)를 통해 학습할 수 있는 기본적인 역량이다.

HR BoKbody of knowledge(본질)는 HR의 디자인 싱킹 프로세스

(HR의 일반적 운영이 아닌 직원 경험 접점에 초점)와 민첩한 관리(HR에 애자일한 프로그래밍 및 프로젝트 관리 툴을 적용), 행동심리학(직원들이 결정을 내릴 수 있도록 유도하는 스킬), HR 분석(데이터를 사용하고 A/B 테스트를 수행해 의사결정을 유도하고 행동을 예측), 글로벌-로컬의 다양한 트렌드와 지식을 바탕으로, 혁신적인 HR 영역으로 확장해나가야 한다. 모든 HR 영역에는 사람, 사용자, 스크럼, 사회 인구통계학, 신속한 프로토타이핑, 직원 경험 지도, 직원들의 진정성 있는 삶의 커리어 터치 포인트, 행동 도출 영향력, 정서 분석, 데이터 마이닝, 문화지수Culture Index 등과 같이 HR에서 사용할 수 있는 도구가 있다.

#ZigZagHR 커리어

전문가들이 점점 더 다양한 형태의 유연한 고용 형태를 선호함에 따라, 많은 HR 서비스가 프리랜서들에 의해 아웃소싱되고 있다. 회사 내 핵심 역량의 이해를 요구하는 사항이 아니라면 아웃소싱에 의존한다. 내부 소싱(예: 공유 서비스), 아웃소싱(예: 급여, 교육), 심지어 오픈소싱(예: 채용)으로 제공받기도 한다. 혹은 더욱 깊고 노련한 전문가 집단인 컨설턴트(예: 관리, 전략, 기획)의 도움을 받기도 한다. 그 결과 조직 내 인사 팀은 최상위 능력과 전략을 요구하는 HR 비즈니스 리더(CHRO 유형), 중간 형태의 HR 전문가, 그리고 HR 계층 하단에는 일반 행정 업무 공유 서비스 종사자와 제너럴리스트로 나누어진다. 이로 인해 중간급 HR 실무자는 더 이상 기존의 일반적인 직무가 불필요하기 때문에 커리어에 갈등이 생긴다. HR 중간 계층에서 필요한 HR 지식은 프로젝트에 기반을 둔 미래 전략 수립, 혁신 조직 설계 등이 중심이 되어야 하는데 실상은 그렇지 않다. 이러한 중간 위치의 역량 공백은 현재 전문 컨설턴트 및 프리랜서, HR 무경력자 또는 단순히 기술 및 셀프서비스로 대체되는 경우가 많다.

혁신적인 #ZigZagHR 리더는 어떤 사람들이며 어떤 역량이 필요할까? 이들은 법률, 심리학, 사회학, 데이터 분석 또는 HR 프로젝트 관리, 외부 전문가들과의 네트워크, 민첩성, 글로벌 마인드, 미래 트렌드, 직원 경험에 대한 지식이 있는 사람일 가능성이 높다.

#ZigZagHR 운영

#ZigZagHR 운영은 일상적인 HR 활동을 비즈니스 전략적 파트너십과 연계한다. 우리는 HR 업무의 자동화를 위해 여러 가지 방법을 사용하려 시도해야 한다. 이러한 혁신적 과정을 통해 HR 실무자는 기업의 운영에서 전략적 선택을 하게 된다.

HR의 기능별 영역에는 다음과 같은 지그재깅 딜레마가 있다. 급여에 정보를 비밀로 하는 게 나은가, 아니면 실적 향상을 위해 급여를 투명하게 오픈하는 게 나은가? 복리후생이 직원에게 동기부여가 되는가, 아니면 세금에 기반을 둔 현금 정책이 회사에 더 나은 영향을 미치는가? 적립 가능한 유급휴가 제도가 나은가, 아니면 개인의 니즈에 따른 무제한 휴가 제도가 더 나은가? 성과 평가와 성과급 지급을 분리한다면 과연 어떤 기준으로 성과급을 지급할 수 있는가? 일에 대한 직원들의 생각이 실제로 직원 경험에 부합하는가? 조직원들이 원하는 수준의 관용이 적용된 차별화된 인사 제도가 마련되어 있는가? 신규 채용 인력과 기존 인재 육성이 조화롭게 운영되고 있는가? 조직 차원에서 직원의 정서에 대한 이해도는 어느 정도인가? 조직의 리더들은 직원의 기대와 요청에 부응하고 있는가? 조직은 근로자를 위한 보건, 안전, 보안에 얼마나 신경 쓰고 있는가?

인공지능의 활용적 측면에서 HR 업무에 인공지능이 점점 더 적용됨에 따라 HR 업무에 관한 도덕적인 고려사항이 새롭게 등장할 것이다. 이런 질문에 대한 해답은 조직의 상황에 따라 다르다. 그러므로 전통적인 HR 업무보다는 점점 더 전체 직원 경험에 초점을 맞추어 접근해야 한다.

#ZigZagHR
리더

혁신적인 HR 리더가 되는 방법은 무엇인가? 이 책에서는 몇 가지 방법을 제안한다.

혁신적인 #ZigZagHR 리더

우리 회사만의 문화와 직원들이 핵심적으로 생각하는 가치에 집중하라: 고용주로서 최고의 인재를 끌어들이는 방법이다.

직원을 고객으로 여기고, 고객 중심적인 직원 경험을 관리하라: 직원의 만족도, 참여도, 핵심 인재 보유 측면에서 중요한 기준이 되는 직원 경험에 대해, 직원이 입사한 이후 초기, 중기, 후기 모든 과정에 걸쳐 세심한 인사 프로그램과 프로세스를 지원한다.

경영진과 HR 이해관계자 간 서로 다른 요구사항의 균형을 맞추어라: HR은 다른 중요한 이해관계자(직원, 연락 근로자, 노조, 정부 등) 간 이익을 망각한 채 경영진 및 이사회 대변인으로 간주되는 경우가 너무 많다.

직원들을 신뢰하라: 신뢰는 직원들과의 관계에서 기본이 되는 사항으로, 직원들이 권리와 책임을 가지고 옳은 일을 할 수 있도록 권한을 부여한다.

직원들을 올바른 방향으로 인도하라: 직원들이 좋은 결정을 내리도록 도와준다.

물리적 업무 환경을 재설계하라: 개인 및 팀 업무가 효과적으로 수행될 수 있도록 물리적으로 최적화된 근무 환경을 구축한다.

HR 업무에 대한 기술을 개발하라: HR이 다른 부가가치 활동에 집중할 수 있도록 기술을 통해 현재의 업무를 더 강화한다.

다른 관리 분야의 지식과 툴을 통합하라: 인간의 행동에서 가장 큰 발전은 서로 다른 분야의 지식과 툴을 통합하는 데서 나온다.

데이터를 사용해 의사결정을 주도하라: 모든 의사결정에 데이터가 기반이 되는 관리 문화를 구축한다.

새로운 모델을 꾸준히 테스트하라: 현재 진행 중인 프로젝트에 테스팅했을 때 좋은 결과를 보여주지 못하면, 새로운 프로젝트에 적용하고 실험한다.

HR 활동을 더 넓은 맥락에 연결하라: 끊임없이 진화하는 마이크로, 메소, 매크로 환경을 예상해서 그에 따라 새로운 환경을 구축한다(자동화, 폐기, 재창조).

민첩하라: 변화에 대응하는 능력과 속도에서 민첩해야 한다.

글로벌 트렌드를 현지화하라: HR의 글로벌 표준과 현지화 사이에서 적절한 균형을 찾는다.

직원에게 영향을 주는 사회적 이슈에서 핵심적인 역할을 수행하라: 직원의 복지에 영향을 미치는 다양한 사회적 이슈를 관망하기보다는 미리 대책을 마련한다.

HR에서 'H(사람)'에 집중하라: HR 업무와 관련해, 사람의 '머리, 심장, 손, 건강'에 초점을 맞춘 의사결정을 한다.[12]

다음 장에서는 네 가지 #ZigZagHR에 대해 자세히 설명하고, 조직에서 혁신적인 HR 업무를 구현할 수 있는 도구를 제공하며, 효과적인 #ZigZagHR 리더가 되는 방법을 보여준다.

요약

ZigZagHR은 4차 산업혁명의 영향으로 기존 HR 업무가 붕괴된 데 대한 우리의 대답이다. 우리의 #ZigZagHR 모델에는 네 개의 축이 있다. #ZigZagHR 인력, #ZigZagHR 커리어, #ZigZagHR 역량, #ZigZagHR 운영이다. #ZigZagHR은 우리 조직의 구조적 맥락에서 새롭고 혁신적인 문화를 구축하는 것이다. 우리는 #ZigZagHR 리더로서 일하는 데 중요한 몇 가지 사항을 제안한다.

미래의 직업:
융통성 있으면서
하이브리드한 인력

제3장

#ZigZagHR
인력

조직 입장에서 HR은 기존 시스템을 유지하면서, 빠르게 변화하는 업무 환경에 잘 대응하는 민첩성을 요구한다. "새로운 업무 환경은 익숙해진 HR 업무와 충돌한다!" 이러한 사실은 사람들에게 어떤 의미일까? 흐름에 따르겠습니까? 우리와 함께 일하는 사람들은 과연 적절한 역량을 지니고 있는가? 이에 대한 해답은 아마도 수백, 수천 명의 사람이 직장을 그만두거나 직업이 없어지는 것으로 증명된다. 이와 대조적으로, 사람들의 필요한 역량이 부족하기 때문에 새롭게 생겨나는 직업도 많다. 오늘날의 상황은 개인 근로자들에게 기회일 뿐만 아니라 도전이다. 우리의 일과 삶을 결합하는 방식이 변하고 있다. 전통적인 고용 형태로 직원을 분류하는 것은 더 이상 오늘날 직업 현실에 맞지 않는다. 프리랜서와 같은 임시 근로자의 비율이 점점 더 증가하고 있다. 전통적인 고용 형태는 눈에 띄게 줄어들고 새로운 환경에서 조직은 프리랜서, 계약직 근로자, 다른 외부 인재들을 위한 공간을 만들고 있다. 3장에서는 #ZigZagHR 인력에 대한 새로운 현실에서 인력이 어떻게 발전하고 있는지, 인력이 얼마나 차별화되고 분류되는지, 그리고 그러한 변화가 HR에 어떤 의미인지 설명한다. #ZigZagHR 커리어 및 #ZigZagHR 운영에 대한 후속 장에서는 이러한 이슈들에 대해 더 깊이 탐구한다.

고뇌
상태

1차 산업혁명 이후 초전문화hyper specialization 경향이 두드러지기 시작했다. 이러한 현상에 부응하기 위해 현재의 교육 시스템을 어떻게 구성할지, 여기에 따라 경력을 어떻게 개발할지, 조직 구조를 어떻게 구성할지, 그리고 HR 부서가 인재를 어떻게 끌어들이고 육성시키고 평가하고 보상하는지 고민하게 되었다. 2018년 이후, 이러한 초전문화 추세에 따른 교육, 경영, HR 운영 측면에서 다양한 현실의 제약에 맞닥뜨리고 있다.

> 분명히, 오늘날 우리에게 전문화 과정은 중요하지만, 초전문화 상태에 필요한 표준화를 위해서는 과거와 다른 민첩성이 요구되며 이에 대한 우리 모두의 도전이 예상된다.

마셜 골드스미스Marshall Goldsmith는 2008년에 펴낸 『일 잘하는 당신이 성공을 못하는 20가지 비밀What Got You Here, Won't Get You There』[1]에서 현재의 복잡한 현실을 단순화시킬 수 있는 솔루션이 없다고 말했다. 문제에 대한 해결 방법은 너무 복잡하고, 상황은 너무 경쟁적이다. 현재 우리는 다양한 업무에 대해 어떻게 일하고, 어디서 일하고, 언제 일하는지의 관점에서 과거와 절대적으로 구분되는 새로운 패러다임 전환기에 있다. 이러한 전환기가 우리에게 가져오는 변화는 1차 산업혁명처럼 어마어마한 영향을 미칠 것이다. 그러나 그 결과를 통해 변화될 우리 사회의 모습은 누구도 확실히 예측할 수 없다. 변화의 영향은 전 세계적으로 동일하게 미칠 것이고, 과거와 완전히 다른 결과를 가져오며, 변화 속도도 빠르게 증가할 것임을 알고 있다.

일의 맥락에서 보면 많은 사람이 이런 변화에 당황한다. 우리의 환경, 가치관, 그리고 우리가 편하게 영위했던 생활들이 끊임없이 변화하면, 우리는 서서히 고뇌하기 시작한다. 고뇌苦惱라는 개념은 우리가 더 이상 가질 수 없는 것을 포기해야만 하는 상황에서 그 해결 방법을 모를 때 느끼는 괴로움을 묘사하는 불교 용어다. 고뇌는 만족함을 버리는 것, 즉 더 이상 우리가 예상하는 기대치에 미치지 못하는 결과를 받아들이는 느낌을 지적한다. 그리고 우리는 그 결과를 모두 받아들여야 한다.

새로운
업무 환경

업무 환경이 점점 더 성숙해지고 있다. 그래서 업무가 진행되는 장소와 시간, 직무 내용, 보상에서 개개인의 의미 있고 개별적이며 유연성 있는 선택을 요구한다.

한 명의 고용주와 한 가지 직업의 시대에서 이제는 두 개 이상의 직업을 소유한 커리어로 구성된 다양한 전문가가 탄생하고 있다. 이언 샌더스Ian Sanders와 데이비드 슬롤리David Sloly는 책 『매시업Mash-Up』(2012)에서 미래에는 '프로젝트 혹은 역할을 기반'으로 하는 업무가 증가할 것이라고 했다.

> 새로운 #ZigZagHR 현실에서 인재상은 "복잡함을 만들고,
> 끊임없이 능력을 다양화하는 다재다능한 전문가"를 선호한다.[2]
> 우리는 그들을 지그재거#ZigZaggers라고 부른다.

고용시장에서 애자일한 환경의 영향력은 얼마나 파괴적인가? HR과 조직 관계에서 유연성은 어느 정도 필요할까? 이처럼 미

래에 대한 질문들은 HR의 역할을 불명확하게 하고, 조직에 미치는 영향력도 감소시키며, 일의 성격도 현재의 업무와 현저히 다르게 만든다. 그러나 이런 질문을 통해, HR은 내부(직원), 외부(전문가 파트너십) 인재의 직원 경험에 더욱 관심을 기울여야 한다. 기존 인재 확보와 업무 실적 관리에 집중했던 전통적인 HR 업무와 달리, HR의 관심은 온보딩, 다양성, 진정성, 포상, 팀워크, 리더십, 코칭 등을 통해 직원과 외부 이해관계자 간 순간순간 벌어지는 일상 경험의 터치 포인트에서 새로운 문화를 만드는 데 집중해야 한다.

우리는 더 오래 산다, 그러므로 더 길게 일한다

벨기에의 법 개정(2017년 3월 5일 시행)은 벨기에 연방정부가 고용 관점에서 당면한 도전에 대한 해답을 제공한다.[3] 이러한 결정으로 노동시장은 마침내 21세기 환경적 변화에 진입할 것이다. 적어도 그렇게 들린다. 이 법의 초점은 사람들이 더 오래 일할 수 있도록 하고, 자신의 전체 경력 동안 더 쉽고 더 유연하게 일할 수 있도록 근로 조건을 개선하는 것이다. 즉 업무 유연성을 높여 사람들이 더 오래 고용될 수 있도록 한다.

한국에서 법으로 규정한 공식적인 정년은 60~65세다. 많은 기업이 정년을 60세로 정하고 있지만, 65세 이상 인구의 31.5%가 여전히 일하고 있는데, 이는 OECD 평균 14.5%보다 두 배 이상 높은 수치다. 한국인은 연간 더 많은 시간 일할 뿐만 아니라 평생 더

오래 일하는 것이다.[4]

　　린다 그래튼과 앤드루 스콧이 『100세 인생The 100-Year Life』에서 예측한 대로, 만약 직장인의 50% 정도가 100세까지 수명을 유지한다면, 3단계로 나누어지는 생활 모델(교육, 직장, 은퇴)은 더 이상 적용되지 않는다. 대신 미래의 직업 주기는 여러 개의 짧은 단계로 나뉜다. 조직에서 맡고 있는 기능만을 바탕으로 급여를 받으며 경험과 교육에 대한 배려를 받는 것은 구식 커리어적인 생각이다. 즉, 구식 커리어는 자신에게서 때로는 즐겁고 때로는 고통스러운 시간을 보내는 상황에 대해 표준을 삼았다. 그러나 새로운 커리어 시나리오는 더 재미있고 즐거운 직장 생활Recreation에만 초점을 맞추는 것이 아니라, 변혁과 창조 측면re:Creation에서 자신에게 의미 있는 직장 생활에 중점을 둘 것이다.[5] 일과 가정의 관계도 완전히 바뀔 것이다. 앞으로 인간의 진정성 있는 삶을 위한 실험과 연구가 지속적으로 이루어질 것이다.

　　평생직장 개념의 시대는 끝났다. 매년 직원들의 연봉이 오를 것이라는 것도 더 이상 확실하지 않다. 매킨지는 25개 선진국의 근로자 평균 연봉 인상률이 전체 경제성장률보다 낮다는 결과를 발표했다.[6] 이런 현상은 근로자들의 불평등 문제를 낳는다. 프랑스와 벨기에에서는 글로벌화 추세에 따라 점점 더 벌어지는 승자와 패자 사이 격차를 사회안전망으로 보완하면서 극복하고 있다. 그러나 사회안전망을 지속적으로 유지하고 끌고 가기 위해서는 더 많은 사람이 더 오래 일해야 한다. 이것은 벨기에 법과 많은 유럽 국가에서 대안으로 제안되고 있는 보편적 수입에 대한 전략이다.[7]

> **만약 우리가 더 오래 살면서 더 오래 일해야 한다면,
> 스스로 자신의 역량을 끊임없이 강화하는 것이 중요하다.**

『스트레치, 내일의 일터를 위해 미래를 준비하는 방법Stretch, How to Futureproof Yourself for Tomorrow's Workplace』에서, 카리 윌리어드Karie Willyerd와 바버라 미스틱Barbara Mistick은 경쟁력 있는 현재와 미래의 역량 강화를 위한 전략을 몇 가지로 제안한다. 저자들은 역량 강화에 대해 "오늘과 다른 내일을 준비하기 위해, 현재의 역량을 미래의 관점과 미래에 요구되는 기술로 확장하고 끈질기게 자신을 개발하는 것"이라고 표현한다.[8]

조지 크레인George W. Crane은 "어떤 직업도 미래는 없다. 미래는 그 일을 하는 사람에게 있다"고 조언한다. 우리는 여기에 이것은 오늘날 누구에게나 적용된다고 덧붙이길 좋아한다.

새로운 커리어 변화를 관리할 비법은 없다

로알드 달Roald Dahl의 미래 지향적인 책『찰리와 초콜릿 공장』에서는 엘리베이터가 위아래로 오르락내리락하지 않는다. 대신 옆으로 가고 대각선으로 움직인다. 그것은 오늘날 커리어의 진화

를 보여주는 훌륭한 비유다. 예전의 직업적 성공은 직선적인 상승과 동의어였으나, 오늘날에는 점점 더 많은 사람이 새로운 도전을 통해 더 넓고 더 깊이 있는 발전을 원한다. 그리고 자신이 발전하고 성장할 수 있는 환경과 교육을 고용주에게 당당히 요구한다. 반면 어떤 사람들은 발전 단계에서 뒤로 한 걸음씩 물러나는 '강등' 상황을 맞이하기도 한다. 이러한 강등은 강요에 의해서든, 선택에 의해서든 중요하지 않은 기능이나 역할을 맡는 것을 뜻한다. 또한 급여, 권한, 혹은 업무 압박이 낮은 환경과도 연관될 수 있다.

이제
평생직장 개념의 시대는
끝났다.

> #많은 기업이 근로자들의 업무 유연성에 대한 요구에 여전히 일률적인 접근 방식과 온정주의적인 기업 중심 논리로 접근한다. 예를 들면 "내가 보기에는 이 방식이 당신에게 좋은 거야"라는 형태다. 이렇듯 대부분의 조직에서 근로자들이 미래 지향적 조직으로 가는 길이 아닌 현재의 틀에 박힌 상황, 직무 계획, 정해진 진로 등에 갇혀 있다.

구스타보 라제티Gustavo Razetti는 링크트인LinkedIn 블로그(2018년 3월 8일)에서 경영주들에게 새로운 경력 개발 방식이 "기존의 직무 중심에서 사람 중심의 경력 개발 프로그램으로 전환해야 한다"고 제안했다.[9]

변화하거나 인내하라 - 줌인 & 줌아웃

사람들은 커리어 과정에서 '전환하거나 인내'해야 하는 순간을 경험한다. 즉, 다른 길을 택하거나 같은 고용주와 함께 지내야 하는 순간을 맞는다. 전환과 인내는 에릭 리스Eric Ries의 '린 스타트업lean start-up' 방법에서 파생된 용어로, 기업가가 초기 아이디어를 더 발전시킬 것인지(인내) 아니면 다른 방향(전환)을 선택할 것인지 결정해야 하는 순간을 가리킨다. 그러한 '전환 또는 인내'의 순간에는 관심 영역을 더 크게 확대하거나 더 깊이 집중할 수 있는 방법을 찾는 것이 중요하다. 구체적인 모멘트가 없을 때도 정기적으로

거리를 두고 더 나은 것을 향해 다른 관점을 찾는 것이 좋다.[10]

> **전문가도 제품과 마찬가지로 '유통 기한'을 가지고 있다.**
> **자신의 기술이 쓸모없어지는 구식이 되기 전에 스스로**
> **채찍질하는 전문가는 더 나은 삶을 살게 된다.**

일-삶의 조화보다 일-삶의 통합

'9시부터 5시까지 일하는 것은 삶을 위해 얼마나 좋은 방법인가'라는 돌리 파턴Dolly Parton의 노래처럼, 오늘날은 일과 삶의 균형이 최우선이다. 우리는 이미 수년 동안 HR에서 얘기하는 워라밸에 대해 이야기해왔다. 우리가 하루를 살면서 일과 삶의 균형을 말하는 것은 일에 대한 집중과 사생활의 즐거움이 나뉜다는 의미다. 과거에는 일을 집으로 가져오지 않고, 가정과 일이 분리되어 있었다. 그러나 이제는 단연코 아니다! 점점 일과 삶의 분리가 희미해지고 있다. 일과 삶의 균형이라는 개념이 일과 삶을 똑같이 중요하게 여기고 동시에 둘 다 발전시킬 방법을 찾는 야심 찬 전문가들에게는 일과 삶의 통합으로 대체되고 있다.[11]

원격기술과 통신의 혁신적인 발전 덕분에 우리는 원하는 곳에서 원할 때 일할 수 있으며, 더 나아가 이제는 그것이 당연시되고 있다. 예를 들면 업무 시간에 다른 개인적인 업무(쇼핑, 학교에서 아이 데려오기, 행사 참석, 함께 식사하기)를 하며, 그 대가로 아이가 잠자리에 들거나 친구들과 저녁 식사를 한 뒤 일을 계속한다는 것을 의미한다.

일-삶을 통합하는 방법에는 한 직원의 행동이 다른 직원에게 피해가 되지 않도록 각자 역할을 명확히 하는 것이 중요하다. 해야 할 일을 하지 않거나 지나치게 일을 벌여놓는 직원에 대한 대처 방법을 잘 만들어놓아야 하며 추가적으로 각자에 대한 기대치를 명확히 설정하는 것이 중요하다.

생존을 학습하다

앨빈 토플러가 말했듯이 21세기의 문맹자는 읽고 쓸 줄 모르는 사람이 아니라 배우지 못하고, 배우는 데 관심이 없으며, 다시 배우는 것을 거부하는 사람이 될 것이다.

'미래의 업무 경쟁'에서 살아남기 위해서는 끊임없이 배워야 하며, 단지 학교로 다시 돌아가거나 교육 과정을 등록하는 데 국한되어서는 안 된다. 카리 윌리어드와 바버라 미스틱이 『스트레치, 내일의 일터를 위해 미래를 준비하는 방법』에서 설명한 것처럼 '즉각적인 학습' 습관을 가져야 한다.[12] '즉각적인 학습'은 극단적인 호기심과 탐구심 같은 욕구가 넘치고, 자아 성찰 시간을 가지며, 낡은 가설을 언제 버려야 하는지 알고 쓸모없는 지식을 버림으로써 성장 마인드를 갖게 된 결과, 일상생활에서 기꺼이 배우고자 하는 정도를 말한다.

21세기의 문맹자는
읽고 쓸 줄 모르는 사람이 아니라,
새로운 학습을 하지 않고,
안 되는 생각을 바꾸려 하지 않고,
배우는 데 관심이 없으며,
다시 배우는 것을
거부하는 사람이 될 것이다.

_앨빈 토플러(Alvin Toffler)

조직의 관리자는 직원들이 배울 수 있는 공간, 시간, 수단을 제공함으로써 배움에 대한 의지를 자극할 수 있다. 학습 문화는 여러 가지 방법을 통해 만들어질 수 있다. 예를 들어 테드엑스TedX, 코세라Coursera, 유다시티Udacity, 칸아카데미Khan Academy 등의 소셜 미디어 앱을 통해 정보와 콘텐츠에 대한 접근이 자유로운 환경을 생각해보라. 기업들은 점심 시간이나 근무 시간 후에도 앱이나 디지털 플랫폼을 이용해 서로의 지식을 공유하는 '학습 영역'을 구성할 수 있다.

비공식적 관계를 통한 학습과 지식 공유는 커피를 마시는 공간, 휴게실, 심지어 탁구 같은 간단한 운동을 할 수 있는 공간에서도 발전시켜나갈 수 있다. 매일 가벼운 스낵을 곁들인 커피 한 잔의 시간이라는 의미의 스웨덴어 '피카fika'는 19세기부터 유래되었다. 그러나 오늘날 피카는 커피머신에서 잠깐 수다를 떠는 것 이상의 의미를 지닌다. 스웨덴 근로자들은 오전 11시에 피카를 위해 일을 멈춘다. 그 시간에는 아무도 사무실 책상에 앉아 있지 않으며 동료들과 어울리는 시간을 갖는다. 그리고 그 후에는 더 높아진 집중력과 깊어진 친화력을 바탕으로 업무에 집중한다.

내부 인재들을 대상으로 한 근무 전환 시스템은 새롭게 배우기를 원하는 직원들에게 다른 역할을 줄 기회를 제공하고, 조직 내 고용 안정성을 유지하게 한다. 내부 인재들의 전환 근무나 직무 변경은 다양한 관점에서 평가할 수 있기에 항상 상향 이동을 고집

할 필요는 없다. 왜냐하면 근무 전환 등을 통해 다양한 방면으로 도전하고 새로운 영역을 배울 수 있기 때문이다. 벨기에서 자주 볼 수 있는 제도로 학생들에게만 국한되지 않는 '중년의 인턴십'이 있다. 최근 은퇴한 70세의 벤(로버트 드니로 역)이 새로운 영역에 지원하는 내용의 영화 〈인턴〉을 생각해보라. '회색은 새로운 녹색'이라는 미명 아래, 그는 성공한 온라인 패션 회사에서 인턴십을 받고, 최단 시간 내 자신을 필요한 존재로 만든다. 재정적으로 열심히 일할 필요는 없더라도, 규칙적인 생활을 하기 위한 취업을 염두에 두고 있는 '노년 인턴 지망생'에게도 의미 있는 역할을 보여준다.

또한 팀이나 부서의 직원들이 정기적으로 직업을 바꾸는 직무 순환 프로그램Push-through system을 시행함으로써 직원들은 새로운 분야의 업무를 배우고 익힐 수 있다.

벨기에는 수십 년 동안 평생학습을 '재교육Reskilling의 필수 과정'으로 도입하기 위해 사회적 차원에서 노력해왔다. 그러나 직원, 구직자, 경영주 등 모든 단계에서 난관을 겪으며 실패했다.

한국의 경우에는 교육이 행복한 사회를 만드는 가장 중요한 기반이라는 전제를 바탕으로 획일적이고 딱딱한 학문에서 벗어나 개인의 능력과 재능을 개발해 자신의 행복 실현을 위한 직업에 도움이 되는 교육 과정으로 개혁하고 있는 중이다.[13]

학습은 여전히 투자보다는 비용으로 간주되고 있다. 평생학습과 같은 용어는 기회로 생각하기보다 처벌의 인상을 주기 때문에 도움이 되지 않는다. 여전히 배움은 아프지 않기 위해 복용해야 하는 약으로 여겨진다.

독일에서는 평생학습을 '빌둥Bildung(건물, 보디빌딩과 같은 의미)'이라고 하며 훨씬 더 넓은 함축성을 지닌다. 빌둥은 개인의 발전과 성장을 의미한다.

더글러스 토머스Douglas Thomas와 존 실리 브라운John Seely Brown에 따르면, 오늘날 기술의 반감기는 겨우 5년이다. 10년 전에 배운 지식은 이제 쓸모없어졌으며 5년 전에 배운 것의 절반은 오늘날 이미 무용지물이 되었다는 것을 의미한다. 결과적으로, 우리의 경력은 변화해야 하며 4년 반 또는 5년 주기로 새로운 기술을 익혀야만 한다. 더글러스 토머스와 존 실리 브라운의 저서 『새로운 학습 문화A New Culture of Learning』에서는 새로운 교육, 학습, 훈련 방법에 대해 제안한다.[14] 우리가 갖고 있는 지식의 유통기한은 사회에서 허용되는 지식의 반감기보다 항상 짧기 때문에, 대학들은 일반적 지식의 습득보다는 창의성, 문제 해결, 분석, 리더십, 팀워크, 호기심, 실험, 경험적 학습과 같은 비판적 사고와 학습 능력 향상에 더 집중해야 한다. 경험적 학습 또는 체험을 통해 배우는 것은 단순히 이론뿐 아니라 지식, 기술, 능력, 태도 등의 역량을 실제 상황에서 지속적으로 습득해야만 하는 과정이다.

상황에 위축되어 포기하는 사람 vs 학습 의욕이 넘치는 뉴노멀 제너럴리스트

오늘날에는 디지털 기술의 발전으로 많은 직업이 없어질 것이기 때문에 근로자들은 항상 하루하루 충실히 살면서 자신의 경력을 바탕으로 계속해서 배워나가야 한다. 그러나 경영진의 배움에 대한 압력에도 불구하고 직원들의 교육 참여가 저조하며 정신적으로나 육체적으로 '번아웃'되는 사람의 수가 많다는 것은 놀라운 일이 아니다.[15]

모든 사람이 새로운 현실에 대처할 수 있는 것은 아니다. 노동의 한쪽 끝에는 더 이상 현실을 따라가지 못하는 사람들이 있다. 그들은 스스로를 새롭게 바꿀 능력이 없으며, 강제적이든 아니든 간에 회복탄력성이 약해 새로운 삶의 방향으로 스스로 전환하지 못한다.

이러한 현실과 달리 변화의 물결을 잘 이용하는 인재는 개척가Maverick형과 학습 의욕이 넘치는Learnatic형으로 구분할 수 있다. 개척가형 인재는 학습능력이 높고 재능과 학습하려는 의욕이 넘친다. 개척가형 인재라는 용어는 독립적으로 생각하는 사람, 변화에 순응하지 않는 부적응자를 가리킨다. 또한 학습 의욕이 넘친다는 말은 마인드짐Mindgym의 공동 창업자 서배스천 베일리Sebastian

Bailey가 도입한 용어다.[16] 그에 따르면, 강력한 조직이 되려면 유연성과 자율성이 높으며 배움에 대한 갈망을 가진 사람을 고용하라고 추천한다. 때때로 성과 높은 사람들이 과감하게 자신이 잘 다져 놓은 직장에 작별을 고한다는 소식을 접한다. 그들은 고전적인 직선적 커리어를 고집하지 않고, 도전과 다양한 콘텐츠를 우선적으로 생각하며 힘들이지 않고 결단을 내린다. 한 개 이상의 직업이나 두 개 이상의 회사를 다니는 '하이브리드' 경력 관리자나 우리가 얘기하고 싶은 지그재그 커리어가 바로 이러한 경우다.

전통적 방식의 경계를 넘은 혼합된 지식

"너의 역할은 브랜드가 확장되어 라벨이 붙도록 하기만 하면 돼!" 이것은 케네스 미켈슨Kenneth Mikkelsen과 리처드 마틴Richard Martin의 저서 『네오제너럴리스트The Neo-Generalist』에 나오는 말이다.[17] 『네오제너럴리스트』는 상황이 요구하는 대로 다른 틈새로 옮겨갈 수 있는 스페셜리스트Specialist이자 제너럴리스트Generalist를 말한다.

네오제너럴리스트Neo-Generalist는 서로 다른 전문 분야를 통섭하는 사람을 뜻하며, 다른 사람들이 할 수 없는 완전히 다른 영역에서 전문지식과 아이디어를 혼합하며 새롭게 혁신하는 능력을 가진 사람을 말한다. 미켈슨과 마틴은 이런 사람을 '잠자리의 시야'를 가졌다고 표현하는데, 이는 잠자리의 복합적 다면체 눈에서 힌트를 얻은 것이다. 즉, 네오제너럴리스트는 다양한 학문의 혼합적인 접근에 대한 답변을 제시하곤 한다. 저자에 따르면, 네오제너럴리스트들은 2020년 현재 노동력에 필요한 이상적인 기술을 지니고 있다. 이러한 메타 기술 중 일부는 현실의 흩어진 점들을 연결해서 더 큰 그림을 볼 수 있으며, 복잡한 문제를 해결하는 데 반드시 필요하다.

네오제너럴리스트들은 본드Bond의 기능과 다리Bridge의 기능으로 설명할 수 있다. 본드는 같은 신념의 사람들을 연결하는 것이고, 다리는 완전히 다른 세계관을 가진 사람들을 연결해주는 것이다. 네오제너럴리스트들은 의도적으로 다른 세계관을 가진 사람들에게 다가가서 서로 다른 분야로부터 지식을 수집해 통합하고 그 안에서 새로운 것을 만든다. '복사-붙여넣기' 대신 '복사-새로운 적용Application-붙여넣기' 형태로 표현할 수 있다. 하나의 학문에서 얻은 아이디어를 다른 학문에 적용함으로써 진정한 변혁Transformation이 가능하다. 그 결과 네오제너럴리스트는 제품과 사람, 심지어 조직 전체를 움직인다.

새로운 합성,
'하이브리드' 인력

　유연한 조직의 증가로 비정규직 근로자 비율이 증가하는 새로운 상황에서, 전통적인 고용 구조는 더 이상 현실에 맞지 않는다. 이에 따라 긱이코노미와 차세대 직무에 대한 관심이 높아지고 있다.

　비정규직이라는 용어는 특정 업무를 수행하기 위해 임시로 고용되어, 시간에 기초한 급여가 지급되는 직무 집단을 뜻한다. 또한 일반적인 고용 형태가 지니는 혜택, 보호 및 부수적인 근무 조건에 해당하지 않는 사람이 대부분이다.

　반면 자유 플랫폼 경제라고도 불리는 긱이코노미는 주문형 경제의 파생 형태로, 사람들이 고정된 고용 상태에서 일하지 않고 오히려 단기적으로 고용되어 그들의 전문적 기술과 노하우를 조직에 적용해 문제를 빠르게 해결하는 것에서 비롯되었다.

　차세대 직무는 고용 가능한 모든 형태의 계약, 즉 임시직, 프리랜서, 독립사업자, 플랫폼 작업자, 슬래셔 등의 집합 명사다. 슬래셔Slasher는 멀티커리어족으로, 하나의 직업을 고집하지 않고 상황에 따라 여러 직업을 넘나들며 일하는 잡 노마드Job nomad들이다. 이는 프리랜서의 일종으로 다양한 업무 역할을 맡는 한 사람 혹은 다수의 전문가를 의미한다. 밀레니얼 세대의 정체성은 하나의 일자리에 얽매이지 않는다. 어떤 것들을 할 수 있느냐가 그 사람을 설명해준다.

집합 표준에서 개인 맞춤형 일까지

오늘날의 경제는 빠른 속도로 움직이고 있다. 신기술에 필요한 인재는 항상 부족하고 채워지지 않으며 일의 성격도 끊임없이 변화하고 있다. 경영주들은 계속해서 새로운 역량을 가진 인재를 찾고 있으며 조직은 점점 더 유연한 인재 활용 솔루션에 의존하고 있다. 따라서 유연한 형태의 계약직 인력은 점점 더 증가하는 추세다.

조직의 핵심 사업을 위한 고정직 직원은 여전히 중요하다. 그러나 급변하는 상황에서는 인재 수급의 불확실성에 대한 대안으로 유연한 계약직 전문 인력을 일시적으로 배치할 수 있다. 특히 전문가적 식견이 필요한 분야에서 더 많이 중용되고 있다.

그렇지만 유연한 계약직 노동력은 항상 성공을 보장하지 않는다. 그렇기 때문에 전략적으로 조직에 고용된 인재들은 전략적으로 관리되어야 한다. 즉, 인재의 수요와 공급의 통합적 관점에서 핵심 인력의 감소와 계약직 인력의 증가에 대한 영향을 면밀히 파악하고 조직의 DNA와 조직 문화에 어떠한 영향을 미치는지 확인하는 과정이 필요하다.

기성 세대부터 안정적으로 일하기 위해 요구되는 안전한 일터는 현재를 넘어 미래에도 좋은 경영진 아래에서 직원의 성장과 발전을 위해 언제든 필요하며, 업무 시간에 구애받지 않고 일할 수 있는 일터는 더욱 환영받을 것이다.

> **경영주는 더 이상 상사가 아니라 협력적인 인재 육성 파트너다.**
> **성공적인 직원은 더 이상 지식과 기술, 능력을 갖춘 개인이 아니라**
> **팀을 통해 역량을 발휘하고 민첩한 환경에 잘 적응한 사람이다.**

정직원과 무기한 계약, 이제는 끝!

미국에서는 고용주와 피고용인 간의 법적 관계가 대개 '임의고용'이다. 이는 고용주와 피고용인 모두 단기간에(최소 2주) 근무 관계를 끝낼 수 있다는 것을 의미한다. 최근 몇 년 동안 정규직 같은 보상과 혜택이 없는 계약직 형태의 고용이 빠르게 증가하고 있다. 별개의 고용 형태를 가진 정직원과 계약직 직원이 불평등을 야기할 수 있는 조건에서 같이 일한다.

벨기에서는 무기한 지속 근무를 뜻하는 전통적 고용 계약이 아직 존재하지만, HR 전문지 『HR 스퀘어HR Square』가 2017년 가을 콘퍼런스에서 발표한 '1천 개의 그림자를 가진 노동자'라는 주제로 일으킨 새로운 움직임은 매우 파격적이었다. 여기에는 일정 기간 일하는 기간제 계약 외에도 다양한 방법의 유연한 근무 형태가 소개되어 있다. 임시 업무 정책은 유연 근무자, 시간제 근무, 학생 인턴십, 은퇴자 클럽, 재능 은행과 같이 정규 직원이 아닌 유연한 노동력을 위한 동력이자 척도다. 벨기에에서 무기한 계약을 체결한 사람이 1,000명이라고 하면, 이들 중 기간제 직원 104명, 임시 직원 77명, 인턴 89명, 프리랜서 45명, 프로젝트 직원 56명, 임시 실업 수당 수급자 51명 등으로 분포되어 있다.[18]

반면, 한국의 최근 상황은 흥미로운 트렌드를 보였는데, 임시직 근로자의 수가 전년 같은 기간 대비 4.5%(44만 명) 감소했다.[19]

프로젝트 근로자, 임시 근로자, 단독 근로자, 전문 컨설턴트, 1인 기업인 등은 고용주가 원하는 전문지식을 신속하게 공급받기 위한 창의적인 해결책의 고용 구조다. 고용주들은 필요한 전문성을 가진 직원을 업체를 통해 빠르게 고용하고 공유하는 시스템을 사용한다. 즉, 여러 기관이 공동으로 근로자를 고용해 동시에 일하거나 순차적으로 일하게 한다. 벨기에의 고용주 그룹은 프랑스 사례를 본떠, 2014년에 새로운 고용법에 이를 실험적으로 적용하고 계속 발전시켜나가고 있다. 고용법이 완화된 2014년 이후, 파트너들은 유연한 고용 방식을 놓고 오랜 기간 협상을 벌였다. 그리고 유연한 고용 형태에 관한 새로운 고용법은 임시직 근무를 확실한 시스템으로 만들었고, 단순화 과정을 거쳐 2017년에 확장되어 공유할 수 있는 인재 활용 에코시스템이 가능해졌다. 이 에코시스템 과정이란 구체적으로 고용주 그룹이 근로자를 고용해 다른 회사에 하청할 수 있다는 의미다. 근로자와 관련해 유일한 고용주는 '고용주 그룹'인 것이다.[20] 고용주 그룹 시스템은 특히 정규직 근로자를 고용할 여력이 없는 중소기업에 많은 기회를 제공한다. 그러나 새로운 법의 완화된 조건에도 불구하고 활용도는 여전히 제한적이어서, 현실적인 사례가 드물다. 2016년 플랑드르의 첫 고용주 그룹 사례가 대표적이다. 브루게에 있는 초콜릿 공장은 약 1년 이상의 행정 절차를 통해 유연 근로자를 고용했다. 초콜릿 공장 고용주는 차Tea 생산 공장도 같이 운영하고 있다. 두 업체는 서로 마주 보고 있지만, 기존 고용구조에서는 연중 피크 시즌에만 바빴던 초콜릿 공장의 한가로운 직원들을 바쁜 차 생산 공장에 보내 도울 수가 없었다.

고용주 그룹 시스템의 또 다른 유연한 작업 사례는 다음과 같다. 공동 시스템에서는 재능 있는 직원이 조직의 경계를 넘어 다른 고용주에게도 공유될 수 있다. 파견한 고용주(고용을 유지하는 가운데 파견에 따른 비용을 청구할 수 있다)와 파견받은 고용주(추가 비용 없이 단기간 비용으로 숙련된 전문가를 제공받는다), 근로자(새로운 업무를 배치받고 성장할 수 있다) 및 사회(사회적 비용이 줄어들며 사람들은 더 오래 고용된다)의 윈윈 시스템이다. 인재 활용 공유 시스템은 향후 다양한 기업의 공동 커리어 센터로 발전할 새로운 인재 포트폴리오를 구축할 수 있는 개념이다.

짖기만 하는 것은 깨무는 것보다 못하다

벨기에 대다수 근로자는 한국과 같이 여전히 무기한 고용 계약을 선호한다. 노조 역시 고정적인 고용 계약을 노골적으로 선호하고 있다. 유럽 전체의 고정적 고용 계약이 58%에 불과한 점을 감안하면 벨기에는 고정적 고용 계약 비율이 상당히 높다.[21]

반면, 미국에서는 향후 수십 년 내 계약직 형태가 미국 노동력의 대부분을 차지할 것으로 예측되고 있다. 특히 밀레니얼 세대에서는 고용 계약의 50%가 이미 프리랜서 형태인 상황이다. 미국 프리랜서 노동력의 증가는 전통적 노동력의 증가 폭보다 세 배나 더 빠르다.[22] 빠른 문제 해결을 위해 고도의 전문가 인력 활용이 불가피한 것이다.

한국에서는 비정규직 고용 형태가 전체 노동력의 상당 부분을 책임지고 있다. 2012년 말 전체 근로자의 33.3%를 차지하는 비정규직의 숫자는 600만 명 정도였다.[23] 그러나 이들의 직무는 대부분 단순하거나 임시적 행정 보조에 그치고 있다. 고도의 전문가 활용을 위한 유연한 인재 활용 에코시스템을 구축하기엔 아직 많이 미흡하다.

플렉스(자랑하는 것)는 여기 있어!

벨기에의 경우, 다른 유럽이나 미국에 비해 전통적 고용 시스템에 의존하고 있지만 외부 인재의 활용도가 빠르게 증가하고 있다. 외부 인재를 활용하는 다섯 가지 주요 이유는 다음과 같다.

- 적절한 전문지식 활용
- 임시 작업 충원
- 성수기 인력 보충
- 신속한 전문가의 도움
- 조직 혁신 및 빠른 변화

외부 인재 활용 시스템이 성숙되고 전문화됨에 따라 다양한 형태로 발전하는 경우가 많다. 채용은 여러 부서와 협의해 선호하는 공급업체를 통해 제공받는다. MV Master Vendor가 있든 없든 HR 본부는 전체 프로세스를 최적화해야만 한다. 통합적 관점의 인력공급Total Talent Acquistion, TTA은 전체 HR 소싱 및 인재 전략에서 필수적으로 고려할 요소다. 채용 - 육성 - 평가 - 승진 - 퇴사로 이어지는 통합적인 인사 관리 관점에서 보는 것이 중요하기 때문이다.

그러므로 전문지식을 가진 프리랜서 채용은 의심할 여지 없이 노동시장에서 중요한 고용 형태 중 하나이며, 중요한 성장을 앞둔 문제해결 현안을 위해 새로운 비즈니스 모델 중 하나로 여겨진다.

프리랜싱: 일과 삶의 균형을 이루는 방법

공식적인 숫자는 없지만 플랑드르 지방의 프리랜서는 12만

명으로 추산된다. 이는 근로자 100명당 프리랜서는 5~7명, 1차 고용은 4~5명, 2차 고용은 1~2명에 해당하는 것이다.[24] 프리랜서에게는 별도의 법적 지위가 없기 때문에 위의 숫자는 예측일 뿐이다. 왜냐하면 직원과 다른 근로자를 구분하기 어렵고, '프리랜서' 개념이 애매모호하기 때문이다. 비교적 자유로운 형태의 현재 작업 환경에서는 업무 조직의 자율성, 전문성, 창의성, 생산성 측면에서, 프리랜서가 더 높은 역량과 성과를 얻을 수 있다. 『혁신과 일의 기반 Stichting Innovatie & Arbeid』에 따르면, 프리랜서는 관리 직원의 도움 없이 프로젝트 기준으로 자신의 업무 지식이나 창의력을 조직에 이식시켜주는 사람이다.[25] 네덜란드는 130만 명의 프리랜서를 보유해 유럽에서 비율이 가장 높다. 나머지 유럽 국가에서도 프리랜서 비율이 점점 높아지고 있다.[26]

2016년 가을에 발간된 매킨지 보고서 『긱이코노미에서 독립적인 일Independent Work in the Gig-Economy』은 유럽과 미국의 독립적 노동력 현상에 대해 설명했다.[27] 이 보고서는 점점 더 많은 사람이 자신의 삶과 직업을 스스로 선택하고 독립적인 지위를 유지한다는 것을 강조한다. 그러나 여기서도 '프리랜서'가 실제로 고용 범주로 존재하지 않기 때문에 통계 자료에는 나타나지 않는다.

프리랜서의 등장은 '정규 근로자(풀타임 직원)' 비중이 줄어들고 '비정규 근로자(자영업자, 파트타임 또는 풀타임 부분, 근로자, 영구적인 시간제 근로자)' 비중이 높아지는 추세와 연관 있다. 프리랜서의 플러그앤드플레이plug-and-play 특성, 전문성, 비용 구조를 보면 프리랜서를 활용하는 기업이 늘고 있는 이유를 알 수 있다. 이제는 비정규직 업무의 개념이 더욱 정밀하고 고도의 전문성이 뒤따르는 일과 연관되며 이의 확대가 자연적인 순리로 받아들여진다. 또 다른 도전과 함께 직업의 새로운 변화로 나타날 수 있다. 프리랜서 영역의 확대는 또한 많은 불확실성과 맞물려 있다. 프리랜서의 확대는 새로운 사회적, 정치적 질문을 던지고 있다. 과연 사회가 권장해야 할 트렌드인가? 무엇을 장려하고 무엇을 규제해야 하는가? 금융, 법, 사회적 체계 속에서 프리랜서들은 어느 위치에 있는가?

벨기에의 경우에는 한국과 비슷하게도 정규직과 프리랜서 간 격차가 상당하다. 처우뿐 아니라 세금, 사회보장, 보조금, 보건, 복리후생, 보상, 건강보험, 휴가, 경조사, 연말정산, 연차, 고용보험 및 연금 수령 등 관련 규정에 차이가 있다. 또한 보안, 근로시간, 법적 보호, 대표권, 단체교섭, 기타 근로자 교육과 관련된 근로자 권리 측면에서도 차이가 있다. 유연하고 민첩한 인재를 활용해야 한다는 고용주의 입장은 이해가 되지만 정부는 아직 적절한 관리 방법을 파악하지 못하고 있다.[28] 한국에서는 '비정규직' 근로자의 임금이 '정규직' 근로자의 65.3% 수준이며 비정규직 근로자의 40%만 4대 보험에 가입되어 있다.[29]

프리랜서: 카나리아, 닭, 혹은 뻐꾸기 새끼인가?

일부 사람들에게는 프리랜서의 증가가 새로운 경고를 알리는 '탄광 속 카나리아 신호'처럼 노동시장에서 무언가 급격하게 변화하고 있다는 신호로 받아들여지고 있다. 또 다른 사람들은 프리랜서들의 출세를 치열한 경쟁을 통해 성장하는 '뻐꾸기 새끼의 경쟁'으로 비유하며 임시 계약자와 정규 직원 사이의 경쟁을 묘사한다. 그러나 여전히 프리랜서는 고용주에게 '황금알을 낳는 닭'이다. 즉, 고용 유연성을 통해 새로운 기업가정신을 발휘하는 중요한 원천이다.

직원들은 종종 "프리랜서들은 재미있는 프로젝트를 하고 우리는 지루한 일상적인 일을 계속해야 한다"고 불평한다. 고용주 입장에서는 빠르게 변하는 비즈니스 환경에 적응하기 위해 민첩하게 직무를 변화시켜야 하기에 내부적으로 가지고 있지 않은 새로운 역량과 전문지식이 필요하다. 그래서 외부 전문가들을 불러들인다. 필요한 전문지식을 가진 직원이 조직 내부에 있을 수도 있다. 하지만 조직이 찾는 인재들은 현실적인 조직 문화에 묻혀 잘 보이지 않는다. HR은 내부 근무 직원들의 전문지식을 활용하기 위한 경력 관리와 필요할 때 활용할 수 있는 외부 전문지식 풀에 대한 준비를 철저히 해야 한다.

'정규직'의 비율은
감소하는 반면,
'비정규직'의 비율은
증가한다.

HR에 대한
영향

비전통적 노동력 성장은 노동자의 법적 지위나 포지셔닝뿐
아니라 보상, 복리후생에도 많은 영향을 미친다.

올바른 근로자 분류 방법은 무엇인가?

고용 조건은 모든 근로자에게 적용되며 준수되어야 한다. 그
러나 빠르게 성장하는 비전통적 노동력은 기존 행정, 사회, 법적인
틀과 새로운 현실 사이에서 해결되지 않는 부분이 생기고 있다. HR
에서 가장 큰 과제는 근로자를 올바르게 분류하는 것이다. 직원인
가 독립 계약자인가? 아니면 근로자가 독립 계약자인 척하는 것
일 수도 있다. 근로자가 자기가 하는 일에 얼마나 많은 자율권을
가지고 있는가? 고용주나 경영진이 근로자에게 얼마나 많은 통제
권을 행사하고 있는가? 분쟁이나 소송이 있을 때, 판결이 어느 쪽
으로 날지는 불확실하다. 고용 관계는 어떻게 해석되는가? 예를
들어 우버의 운전사나 배달 업체의 배달원은 직원인가, 독립 계약
자인가?

혼합된 인력으로 운영하기

프리랜서가 수행하는 작업은 일의 방향 및 진행에 대한 책임을 해당 프리랜서에게 위임시킨다. 이것은 프리랜서를 독립 노동자로서 합법적으로 분류하기 위한 결정적인 조건 중 하나다. 이러한 방법적 접근에는 프리랜서가 만든 작업에 대한 직접적인 통제가 아닌 다른 형태의 관리 접근 방식(프로젝트 또는 프로세스에 영향을 미치는지 여부)이 요구된다.

또한 서로 다른 고용 형태의 전문직 종사자들이 공동 프로젝트에서 일하는 경우, 이러한 하이브리드 팀을 관리하려면 전통적 관리기법이나 전통적 직원 관계를 뛰어넘는 다양한 관리 및 리더십 역량이 요구된다.

> #HR은 내부 인재와 외부 인재의 성과를 향상시키기 위해 기존 비즈니스 부서와 긴밀하게 협력해야 하며, 경영진은 팀장들이 다양한 고용 형태가 혼합된 팀을 이끌고 동기 부여할 수 있는 리더십 역량을 갖추도록 해야 한다.

유니레버의 최연소 여성 CHRO인 레이나 네어Leena Nair에 따르면 리더십은 '내부 게임'과 '외부 게임'에 대한 적절한 조화로 설명된다. '외부 게임'이란 조직의 비즈니스에 대한 감각과 지식을 익히는 과정(하드 스킬)을 얘기하며, '내부 게임'은 민첩성, 자기 관리,

회복 탄력성(소프트 스킬)을 익히는 것이다. 오늘날에는 리더들의 매력과 자기 관리에 대한 관심이 상대적으로 낮다. 레이나에 따르면 리더십에서 '내부 게임'의 중요성이 점점 더 높아지고 있다.[30]

> #HR이 해결해야 할 또 하나의 과제는 원격 근로자를 지원하는 것이다. 이들 근로자는 동일한 조직 문화에서 일하기 때문에 조직에 대한 소속감을 갖고 있다. 따라서 HR은 원격 근로자들이 지지와 관심을 받고 있다고 확실히 알 수 있는 방법을 찾아야 한다.

충분한 보상과 복리후생

프리랜서로 일하는 것의 단점 중 하나는 의심할 여지 없이 단기적으로 혹은 장기적으로 복리후생 혜택을 누리지 못한다는 것이다. 밀레니얼 세대가 단기적인 보상과 유연한 생활방식을 선호할 것이라고 생각하지만, 그들도 나이가 들면서 자연스럽게 안정적인 생활에 더 큰 관심을 갖게 될 것이다. 이에 대한 의견은 나라마다 차이가 있다. 수년간 많은 학자금 대출을 받고 있음에도 불구하고, 밀레니얼 세대만큼 젊은 시기에 많은 돈을 저축한 세대는 없다.[31] 인공지능의 발전과 늘어난 평균 수명에 따른 근무 연령이 길어지는 배경에서 미국의 젊은 세대는 그들의 불확실한 미래와 일시적이고 일회성이 강한 일 중심으로 늘어나는 것을 걱정한다. 그 모든 것은 사회안전망이 없기 때문이다. 성숙하고 광범위한 사회안전망이 갖춰진 벨기에에서는 더 오래 일하라는 요구가 시위와 다른 형태의 항의에 부딪힌다. '힘든 직업'으로 여겨지는 직업에서는 일부 사람들의 정년을 앞당길 수 있다. 교사부터 건설 근로자까지 다양한 그룹이 조기 퇴직할 수 있다. 그러나 어떤 직업이 '힘든 직업'인지는 명확하지 않다.

고용주는 피고용인의 역량에 대해 급여를 지급하고, 조직의 발전에 기여한 부분에는 보너스를 통해 보상한다. HR의 또 다른 과제는 다양한 형태로 고용된 노동력을 잘 활용해 성과를 내고 동기를 부여하는 것이다. 직원의 역량은 표준보상 시스템을 통해 점점 더 표준화되어 지불된다. 반면 보상과 복리후생은 급여에 관계없이 다양한 노동자의 요구를 충족시키기 위해 맞춤화되어야 한다.

같은 조직 내에도 매우 다양한 고용 형태의 직원이 있기 때문에 맞춤형 보상 제도는 쉽지 않은 작업이며 자칫 잘못하면 부정적인 결과를 초래할 수도 있다. 그럼에도 불구하고 일부 고용주는 학자금 융자 상환, 퇴직자 저축부터 가족과 더 지내며 일할 수 있도록 도와주는 쇼핑과 육아 지원에 이르기까지, 어디서, 언제, 어떻게 일하는지 등에 대한 유연성을 통해, 직원의 요구를 수용하고 전통적 노동자와 비전통적 노동자를 모두 만족시키려 노력하고 있다.

궁극적으로,
인재는 인재다

HR이 조직 내부와 외부의 인재를 채용하고, 교육을 통해 성과를 위한 전략적 비전과 조직 문화를 개발할 때가 왔다. 이때 가장 주의해야 할 사항은 법적으로 애매모호한 상황을 잘 파악하고 문제의 본질과 단순한 이슈를 잘 구별하는 것이다. 정규직 직원들은 당연히 관리해야 하지만, 프리랜서들은 스텔스 전투기처럼 HR 레이더에 안 잡힐 때가 많기에 주로 HR의 관리 범위 밖에서 운영된다. 따라서 HR은 풀타임 근무자와 맞먹는 인건비와 활용도를 가진 프리랜서들에 대한 정확한 로드맵을 가지고 있지 않을 때가 있다. HR은 프리랜서의 업무 환경, 조직 문화, 커뮤니케이션, 계약 상태에 대한 책임의식을 갖는 것이 중요하다. 그렇지 않으면 외부 계약 노동력의 매력은 값싼 노동력으로만 평가된다. 그러나 프리랜서에 대한 HR의 관심이 오로지 인건비에만 집중되는 것은 지속 가능한 해결책이 되지 않는다.

고용주와 피고용인의 관계가 중간의 고용 대행 회사, 플랫폼 등의 역할을 통한 3자 협약 단계로 진화하고 있다.

토털 인재 경영:
HR과 구매 팀의 결합?

HR 프로세스의 활용 측면에서 고정 인력 계획과 유연한 인력 계획 간 차이가 줄어들 것으로 예상할 수 있으며, 머지않아 두 형태의 근로자가 동일한 인재 채용 경로와 프로세스를 통해 검색될 것이다.

> 획일화된 채용 프로세스에 초점을 맞추는 대신, 최적의 인력을 찾는 HR의 역할 및 책임을 생각해야 할 때다.
> 이는 TTM Total Talent Management 또는 TTA Total Talent Acquisition의 기본 원칙 중 하나다.

TTM과 TTA는 적합한 후보를 찾는 것 이상의 과제다. 인재의 수요와 공급이 계속해서 중요해지고 있기 때문에 인재 채용 부서인 HR의 역할이 지속적으로 강화되고 있다. 현재 TTA는 구매의 영역 Domain of purchasing이기에 실제로 HR 업무가 아니다. 구매는 '계약노동' 방식으로 진행되는데, 이는 사업계획과 재무계획을 통해 경영진에게 정당화하는 것이 일반적이기 때문이다. HR은 조직에 필요한 역량^{TA}을 개발하고 조직의 전략적 니즈^{TTM}에 맞춰 인재를 개발하기 위해 외부 인력 유치를 고려할 필요가 있다. HR과 구매 간 밀접한 업무 관계는 치열한 경쟁 사회에서 승리하는 데 도움이 될 것이다.

이제 HR이
계약직 근로자를 활용하는
전략적 비전을 개발하면서
외부 인재 채용과 외부 업체 선정에
관여할 때가 되었다.

마케터처럼
생각하라

딜로이트 아이노스틱스Deloitte iNostix의 CEO 겸 공동 창업자인 루크 스메이어스Luk Smeyers는 2018년 1월 월간 『HR 스퀘어』 칼럼에서 '데이터 경청Listening data'이란 표현을 사용했다.[32] 업무 형태가 근본적으로 바뀌는 최근 상황에서 HR은 마케팅 부서와 비슷하게 최종 고객의 관점에서 생각하고 행동해야 한다. 이것은 단순히 HR 리더뿐 아니라 모든 팀원에게 적용된다. 마케팅 담당자들은 잠재적 고객들의 말을 경청하고 고객 데이터는 마케팅 담당자들의 캠페인에 유용하게 사용된다. 그러나 HR은 실제로 고객에 해당하는 직원의 의견을 듣지 않고 관련 업무를 진행하며 직원들의 의사와 상관없이 일방적으로 부서, 직책 또는 직무를 할당한다. 이제는 HR에서 직원들의 생활방식, 관심사, 가치관, 신념과 같은 심리적 영역을 만들어 활용하는 것이 좋을 것이다.

요약

새로운 노동환경은 개인 근로자들과 고용주들에게 중요한 변화를 가져온다. 더 오래 일하고, 끊임없이 자신을 재창조하기 위해 계속 변화시켜야 한다. 평생학습 과정이 필요하며 일과 삶을 통합함으로써 근로자의 행복이 큰 영향을 받는다. 고용주와 근로자의 사회적 계약이 다양해지고 진화하고 있다. 프리랜서, 전문직 종사자 들의 수가 절대적으로 늘어나는 트렌드가 명확하다. 이에 따른 긍정적 측면과 부정적 측면을 잘 파악해, HR에서는 인재 유치와 관리에 대한 새로운 접근법을 찾아야 한다.

HR을 넘어선
새로운 역량

제4장

#ZigZagHR
역량

제1장에서 설명한 변화(인구통계, 기술, 글로벌화)는
HR 부서의 업무뿐 아니라, HR 부서와 연관된
근로자들에게도 영향을 주었다. 혁신적인
기업들은 기존 채용, 선발, 성과 관리 등의
전통적인 HR 업무가 더 이상 후보자와
근로자들의 기대치를 충족시키지 못한다고 본다.
혁신 기업들은 직원 경험을 의미 있게 만드는 데
초점을 맞추기 때문에, HR은 기존의 오래되고
부가가치가 낮은 전통적 HR 업무 및 정책에
의식적으로 변화를 주고 있다. 대신, 디자인 싱킹,
민첩성, 실행력, 분석 및 글로벌 표준과 로컬
관행 사이의 고려사항과 같은 HR 이외 분야에서
새로운 성장동력을 찾는다. 앞으로도 이러한 접근
방식은 꼭 필요하다. 지속 가능한 변화는 HR의
H로 표현되는 휴먼에 대한 관심, 적극적인 참여
및 생산성 향상을 통해 얻을 수 있다.

현재 HR의 역할은
문제가 없는가?

오늘날 기술적 환경의 급격한 변화로 업무 형태와 근로자의 역할도 변하고 있다. 따라서 HR 부서가 기존에 하던 대로 계속 일하면 시대에 뒤처질 뿐만 아니라 가까운 미래의 기회를 놓칠 것이다. 항상 해왔기 때문에 고정된 사고방식을 고수하고 이것들에 기반을 둔 현재 관행을 지속하면 안 된다. 유연한 사고방식으로 새로운 접근 방법을 배우고, 적응하고, 실험해야 한다. 하지만 무조건 새로운 HR 유행을 여과 없이 받아들이고 적용해야 한다는 의미는 아니다. 우리는 새로운 개념에 대해 전략적인 선택을 하고, 자신의 조직에 맞춤화하며 직원들은 각자 시스템에 맞도록 실행하고, 계획한 목표 대비 성과 측정 방법을 찾아야 한다.

> HR 부서가 근본적으로 현재의 기존 패러다임을 새로운 인재 경영 비전으로 변화시키기 위해서는 새로운 경영 규율을 적용해야 한다.

혁신적인 HR 실무자는 전통적 HR 기능을 새로운 분야의 기술과 도구로 변화시켜야 한다. 본질적으로, HR은 IT 기술과 솔루션을 사용해 조직 전체의 인력 및 프로세스 관리 '역량Stack을 갖춰야 한다.[1]

새로운 #ZigZagHR 역량은 다음과 같이 구성된다.

- 디자인 싱킹(전략)
- 애자일 관리(유연한 프로젝트 관리)
- 행동경제학(심리학과 경제학의 결합)
- 분석(데이터 분석 및 관리 과학)

이 네 가지는 새로운 미래를 위한 혁신적인 HR 구조의 일부분이다.

디자인
싱킹

디자인 싱킹의 기원은 1950년대 창의성 기술 발달과 1960년대 새로운 디자인 방법으로 거슬러 올라간다. '디자인 싱킹'이라는 용어는 L. 브루스 아처L. Bruce Archer가 『설계자를 위한 체계적 방법 Systematic Methods for Designers』(1965)에서 처음으로 사용했다.[2] 디자인 싱킹은 고전적인 선형 프로세스의 대안으로 창의성, 논리, 영감, 데이터를 기반으로 한다. 간단히 말해, 복잡한 문제를 실용적이고 창의적인 방법으로 해결하고 새로운 제품과 서비스를 개발하기 위한 사고방식을 뜻하며 주로 혁신적 개발에 활용된다.

█ 디자인 싱킹은 공동 제작에 관여하는 고객의 요구에서부터 시작된다.

디자인 싱킹은 다양한 학문적 배경을 가진 구성원으로 짜인 팀이 함께 일하는 반복적인 과정으로, 4~6개의 다른 단계로 구성된다.[3]

- 공감(이해)

- 관찰(듣기)

- 정의(문제 정의)

- 관념화(아이디어 생성)

- 프로토타입(시제품 개발)

- 테스트(제안된 해결방안 테스트)

구체적으로, 디자인 싱킹은 기업의 핵심역량 강화, 번아웃 및 약점 개선, 새로운 조직 문화 육성, HR 프로세스 재설계 등 대부분의 HR 관련 과제에 사용될 수 있다. 또한 HR 서비스 및 프로세스를 사용하는 직원의 경험을 개선하는 솔루션 설계에도 도움을 줄 수 있다.

디자인 싱킹을 적용함으로써, HR은 다른 조직과의 다양한 상호 관계에 직원 경험을 활용할 수 있다. 또한 직원의 관점에서 구체적인 사안을 보다 사실적으로 파악할 수 있다.[4]

이를 통해 HR의 관점이 아니라 직원의 관점에서 직원들이 직면하는 어려움을 살펴볼 수 있으며 빠른 피드백과 데이터 프로토타이핑을 바탕으로 창의적이고 적용 가능한 솔루션을 설계할 수 있다. 신속한 시제품 제작의 장점은 실현 가능한 다양한 솔루션이 빠르게 만들어진다는 것이다. 이러한 신속성은 HR 프로세스 자체의 개선보다는 직원 경험과 관련된 다양한 HR 이슈를 개선하는 데 도움이 될 수 있다.

디자인 싱킹 문화 속에서 HR은 프로세스 중심에서 조직에 대한 직원의 정서적 경험을 이해하고 개선하는 방향으로 변화해야 한다. 이를 위해서는 세 가지 핵심 원칙이 적용된다.

- 공감_ HR은 직원들이 직면하는 문제들을 이해한다.
- 상상력_ HR은 직원 경험을 향상시키기 위한 창의적인 해결책을 제안한다.
- 실험_ HR은 피드백 및 데이터를 통해 솔루션을 테스트하고 개선해 최적화한다.[5]

디자인 싱킹 과정에는 각 단계에 따라 다양한 도구가 있다. 그중에서 직원 경험 지도, 접점touchpoint 관리, 신속한 프로토타이핑 등의 방법을 집중적으로 제안한다.

직원 경험 지도 제작

'직원들이 원하는 작업 공간, 필요로 하는 도구, 그리고 자랑할 문화를 만듦으로써 인재 전쟁에서 이기는 방법.' 이것은 제이콥 모건이 펴낸 『직원 경험』의 주제다. 직원들이 HR과 같이 호흡하며 조직을 경험하는 방식에 영향을 미치는 세 가지 요소(물리적 환경, 기술적 도구, 조직 문화)를 살펴본다.[6]

첫째, '물리적 환경'은 직원 경험에 중요한 영향을 미친다. 제이콥 모건에 따르면 이상적인 물리적 환경은 링크트인, 구글, 자포스, 에어비앤비 같은 열린 기업문화를 지닌 기업을 대표하는 의미의 쿨COOL이다. 쿨은 다음을 가리키는 약어다.

- 친구 또는 방문객을 불러오기 위한 선택Chooses to bring in friends or visitors
- 유연성 제공Offers flexibility
- 조직의 가치에 미치는 영향Organization's values are affected
- 여러 작업 공간 옵션 활용Leverages multiple workspace options

쿨은 다음과 같이 상황을 나타낸다.

- 고용주는 직원들이 가족이나 친구를 데려올 수 있도록 함으로써 자부심을 느끼게 한다(페이스북에서는 친구들이 직장에서 놀 수 있게 배려하며, 아마존은 부모가 방문해서 공간을 즐기게 한다).
- 고용주는 직원들에게 편의를 위해 가정이나 그 외 원하는 곳에서 일할 수 있는 유연성을 준다.
- 일터의 공간은 조직의 가치에 해당한다.
- 고용주는 업무 공간을 몇 가지 형태로 만들 수 있다. 사무

실 근무 환경에서 업무 공간이 차지하는 역할을 크다. 우리의 물리적 업무 공간을 모두 구글 캠퍼스처럼 꾸밀 필요는 없다. 예를 들어, 이케아에서는 직원들이 자신의 사무실을 이케아 가구로 꾸밀 수 있고, 에어비앤비에서는 직원들이 자신의 취향에 따라 작업장을 독특하게 꾸밀 방법이 있다.

둘째, '기술적 도구'는 직원들이 근무 환경을 경험하는 방식에 영향을 미친다. 기술적 도구란 하드웨어, 소프트웨어, 사용자 인터페이스 설계, HR 소프트웨어, 앱 등에 대한 활용을 의미한다. 많은 직원이 자신이 조직 내에서 오래된 구형 시스템을 사용하거나 부족하고 결함이 있는 도구를 사용해 일하는 것에 불만을 표현하고 있다. 비록 자신의 업무가 도전적이고 상사 혹은 동료들과 좋은 관계를 맺고 있다 하더라도, 기존의 기술적 도구에 대한 불편함 때문에 직업을 바꿀 수도 있다. 오늘날에는 의사소통, 협력 등 업무상 관련된 일에 기술적 도구를 활용하기 때문에 이러한 도구가 제대로 작동하지 않으면 의사소통과 협력에 어려움을 겪게 된다.

셋째, 직원들이 자신의 회사와 HR을 경험하는 방법에 대한 '조직 문화'가 있다. 물리적 환경과 기술에 비해 조직 문화는 형태를 갖고 있지 않다. 다른 사람들이 조직에 대해 갖는 인식은 어떤가? 모든 사람이 직장에서 인정받고 적극적으로 참여할 수 있다고 느끼는 정도, 회사가 일 잘하는 직원들을 위해 보상하는 태도 등은 직원들이 고용주를 어떻게 경험하는가에 큰 영향을 미칠 수 있다. 당신은 회사와 100% 딱 맞을 것 같은 새로운 일을 하게 되어 매우 좋아할 수도 있다. 하지만 다른 직원들은 그 회사가 일하기에 좋은 곳이라고 생각하지 않을 수도 있다. 왜냐하면 직장에서의 첫 만남을 어떻게 경험하고 얼마나 오랫동안 좋은 관계를 유지하고 있었는지가 회사에 대한 긍정성에 영향을 미치기 때문이다.

직원 경험 지도라고 불리는 직원 체험 지도는 마케팅에서 고객 여정과 비교된다. 직원 경험 지도는 직원이 조직과 상호 작용(접점)할 때 느낀 경험을 모두 표시한다. 직원의 채용에서 퇴직에 걸친 전체 라이프 사이클은 여행 전, 여행 도중 및 여행 후의 여정을 지도화한다.[7] 구체적으로 경험 지도를 만드는 방법에 관한 몇 가지 모범 사례가 있다.[8]

고객 경험에 대한 마케팅 원칙을 직원 경험에 적용하기 위해서는 먼저 HR에서 직원들을 세분화해 욕구와 동인에 기초한 다양한 지도를 만들어야 한다. 그런 다음 HR 및 회사 여러 조직과 만나는 모든 접점에 따라 직원 경험 주기를 지도처럼 그린다.

조직에서 일하는 다양한 형태의 인재를 고려해서 그들이 만나는 다른 경영진, 직원, 외부 이해관계자, 심지어 동문 등도 경험 지도에 포함시켜야 한다. 또한 이러한 과정은 시간제 근로자와 외부 인재로 확대할 것을 권고한다. 그런 점에서 직원 경험이나 직원

여정보다는 '노동력 경험workforce experience'과 '노동력 여정workforce journey'이라는 용어를 사용하는 것이 더 나을 수도 있다.[9]

직원 경험 지도를 개발하기 위해서는 양적 데이터와 질적 데이터가 모두 필요하다. 직원 경험 지도에 대한 양적 데이터는 조직의 직원에 대한 리서치 자료와 주변 데이터 등에서 얻는다. 또한 질적 통찰력은 다양한 부서에서 일하는 직원들을 대상으로 하는 심층 인터뷰를 통해 수집한다. 이러한 데이터들은 '실행Doing, 사고 Thinking, 느낌Feeling' 프레임워크를 사용해 보다 체계적인 방법으로 작성된다. 직원들이 하고 있는 일은? 직원들의 행동습관은? 직원들의 감정적 반응은? 직원들의 생각은? 주위 사람들의 생각은? 이런 것에 대한 가정과 근거를 마련한다.[10]

사람들에게 질문할 때 다음과 같이 묻고 싶을 것이다. 당신의 업무 중 어느 부분에서 가장 큰 에너지를 사용하는가? 우리 조직 문화의 가장 좋은 점은 무엇인가? 현재 하고 있는 업무에서 가장 많이 사용하는 역량은 무엇인가? 일을 잘할 수 있는 정보는 어디서 얻는가? 왜 여기 일하러 왔는가? 그러나 이러한 질문의 대답을 들으면서 직원들의 행동, 그들이 사용하는 말 또는 사용하지 않는 말, 그들이 느끼는 감정, 그리고 무엇이 그들을 두렵고 불안하게 하는가에 대한 상황을 체크해야 한다.

접점 관리

라이프 사이클 안에서 직원들의 접점은 HR과 고용주가 느끼는 것과 다르다. 직원들은 내부 고객이기에 감정적 접점을 가지며 조직, 시스템 또는 사람을 통해 접촉하는 지점이 바로 접점이다.

일단 직원 경험 지도가 설계되면, HR 팀은 이러한 접점들이 어떤 형태(가상 또는 직접 대면)를 통해 프로세스, 제품 및 서비스에 경험되었는지 목록을 만드는 것이 중요하다.[11]

HR의 접점 관리에 대한 중요성을 몇 가지 예로 설명하면 다음과 같다.

- 회사 지원자가 면접과 관련해 회사와 통화할 때, 채용되거나 탈락 통보를 받을 때, 직장에서의 첫 입사일 혹은 장기 결근 후 첫 출근 날 어떠한 감정을 느끼는가?
- 원격근무자와 같이 대면적 상황이 매우 제한적인 경우 관리자로부터 어떠한 지원과 코칭을 받을 수 있는가?
- 직원들을 위한 HR 포털 혹은 셀프서비스 사이트를 이용하는 것에 대한 반응은 어떠한가?
- 직원들은 조직에서 어떠한 발전 및 성장 기회를 갖고 있는가?
- 직원들은 매니저의 지원과 코칭을 얼마나 잘 받고 있는가?

각 접점은 직원들에 의해 긍정적으로 경험되거나(훌륭한 경험) 부정적으로 경험될 수 있다(고통스러운 경험). HR은 업무 생산성을 높이고 직원 경험을 개선하는 서비스를 강화해야 한다. HR은 직원(관리자, HR 및 동료), 도구, 시스템, 정책 및 절차와 관련된 모든 접점을 HR 중심으로 판단하기보다는 직원의 관점에서 세심하게 살펴야 한다.

직원 경험은 직원들이 HR과의 접점을 특정 영역에서 다소 다르게 경험할 가능성이 높기 때문에, 직원들마다 반드시 동일하지는 않다는 점을 유의해야 한다. 그러므로 여러 고객이 다양하게 느끼는 관점과 피드백을 관찰하는 것이 좋다. 페르소나는 행동 특성, 욕구, 경험이 비슷한 직원들을 대표하는 전형적인 유형을 뜻한다. 마케팅에서 잠재 고객을 더 잘 이해하기 위해 고객의 유형을 세분하는 것과 같은 방식으로, HR은 직원을 더 잘 이해하고 맞춤형으로 접근하기 위해 직원들의 페르소나를 분류해 사용할 수 있다. 예를 들어, 나이 든 근로자의 욕구와 행동은 밀레니얼 세대 근로자와 다르기 때문에, 그들과 전혀 다른 방식으로 급여 경험을 분류할 수 있다. 특정 HR 규정(즉, 금연 또는 알코올 소비 규칙)을 가진 글로벌 회사는 각각의 나라에 따라 다르게 직원 경험을 분류할 수 있다. 같은 팀에서도 구성원의 계약 상태(직원 vs 프리랜서)에 따른 현황 표기가 소속감과 근무 경험에 영향을 미칠 것으로 보인다. 일부 직원에게 제공되는 유연한 조건(일반적으로 직급이나 지위에 따라)은 그 기회가 없거나 제한적인 근로자와 다르게 경험될 가능성이 높다.

따라서 직원 경험 설계는 일률적인 사항이 아니다. 개인별 (인구통계, 직무기능, 근무위치 등)로 맞춤화해야 한다. 따라서 특정 상황에 처한 직원의 경험 여정을 볼 수 있는 기능이나 우선순위 필터 같은 도구를 사용할 필요가 있다. 결국 다양하게 분류된 직원 페르소나 그룹별로 그들이 원하는 바와 요구사항을 다양한 방법으로 설계해야 한다.[12]

HR 서비스 관점에서 직원 경험 지도를 개발하면 HR 업무 범위 내에서 직원이 무엇을 하고, 무슨 생각을 하고, 어떻게 느끼는지 파악할 수 있다. 이를 통해 HR은 직원들의 경험을 개선하거나 재설계하는 데 예산과 시간을 집중할 수 있다. 이것은 조직 내에서 HR의 역할을 잘 설명해준다. 소속에 따른 다양한 측면을 고려해, 비록 처한 상황이 다를지라도 모든 사람이 조직 문화를 경험하게 할 수 있다.

신속한 프로토타이핑

디자인 싱킹은 프로토타입을 사용해 가능한 해결책을 확인하는 방법이다.[13] 신속한 프로토타이핑(테스트 모델 개발)은 프로토타입을 신속하게 개발할 수 있도록 하는 다양한 기술의 총칭이다. 이를 원스톱 실험이라고도 하는데, 아이디어가 잘 구현되는지 확인하는 테스트용 모델을 신속하게 제작해 빨리 실행할 수 있도록 도움을 주는 방법이다. 즉, 최소한의 시간과 노력으로 실험 후 피드백까지 확인할 수 있게 만들어주는 시스템이다.[14]

이러한 프로토타입을 여러 번 반복해서 디자인하는 것은 개인적인 업무가 아니라 조직 전체의 과업이다. 일단 HR을 중심으로 하는 담당자 선정이 끝나면, 아이디어에 대한 신속한 프로토타입을 설계하고 개발하는 데 보통 두 시간 정도 소요되며, 기존 개발 프로토콜을 사용하는 팀에서 신속히 테스트해 확인한다.

또한 신속한 프로토타이핑은 HR 팀이 직원들을 위한 혁신적인 고객 서비스를 개발하고 실생활에 적용하는 데 정교하게 사용할 수 있는 설계 기법이다. 이를 위해 관련자 모두가 열린 마음으로 새로운 해결책을 실험하고 효과를 검토하는 해결 방법을 만들어간다.

애자일
관리

애자일 조직은 1990년대 IT 업무(특히 소프트웨어 개발)의 특성에 맞추어 조직을 운영하기 위해 소프트웨어 산업을 중심으로 개발되었다. 제프 서덜랜드Jeff Sutherland는 애자일 조직의 선구자 중 하나다. 애자일 조직은 신속한 변화에 대응하기 위한 프로젝트 접근 방식으로, 급변하는 상황에 대한 세부적인 계획과 많은 양의 관련 문서를 통해 유연하게 대응할 수 있다. 동시에 다양한 업무를 할 수 있는 팀은 빠른 시간에 사용자의 지속적인 피드백을 받아 제품과 서비스를 개발한다. 매킨지에 따르면, 애자일 조직의 대표적 특징은 다섯 가지로 분류된다.[15]

• 전략_ 조직 전반에 걸쳐 통합

• 구조_ 권한을 위임받은 팀 간 네트워크

• 프로세스_ 신속한 의사결정과 학습 주기

• 사람_ 열정적이고 활력 넘치는 사람

• 기술_ 차세대 지원 기술

애자일 업무의 네 가지 중심적 출발점은 애자일 선언문의 네 가지 가치에 포함된다.[16]

- 프로세스나 툴보다는 개인별 업무와 협업
- 포괄적인 문서보다는 소프트웨어 작업
- 계약 협상보다는 고객 협업
- 정해진 계획보다는 변화에 대응

이제 애자일이라는 말은 계획된 업무 중 발생하는 돌발적인 변화에 대응하기 위해 스스로 유연성을 발휘해 방법을 찾는 것과 동의어가 되었다.

**애자일 기법은
경영 전반에서 많이 사용되며
특히 HR 업무에 더 많이
적용되고 있다.**

애자일은 더 이상 기술에만 해당하는 단어가 아니다. 왜냐하면 애자일 방법론이 경영과 HR 모두에 적용되기 때문이다.[17] 글로벌 조직에서 HR 팀은 글로벌 복지 프로그램이나 통합 훈련 프로그램 등을 만들기 위해 다양한 나라 사람들과 일한다. 특히 많은 IT 환경에 노출되어 있는 HR 부서는 업무에 일명 '애자일 라이트' 기법을 도입하고 있다. 즉, IT 기술 툴과 프로토콜은 채택하지 않고 변화에 대응하는 원칙만 채택한다.

이러한 접근 방식은 서비스 사용자의 요구에 빠르고 간결하게 대응할 수 있도록 한다. 기존 폭포수 형태Cascade의 프로젝트 관리는 규모가 크고 예측 가능하며 경험에 의존하는 프로젝트에 적합한 반면, 애자일 프로젝트 관리는 예측 불가능하며 작고 혁신적인 프로젝트에 더 적합하다. 전통적인 프로젝트 관리는 엄격한 계획과 실행을 중요하게 여기지만, 애자일 프로젝트 관리는 셀프 조직 팀들이 초창기 계획에 집착하지 않고 유연한 방식과 투명하고 협업 지향적인 실행을 통해 운영된다.[18] HR에 적용할 수 있는 '애자일 라이트'의 주요 단계를 정리하면 〈표 1〉과 같다.

HR은 전통적으로 규칙을 기반으로 하는 절차를 중요하게 여기기 때문에 일관성과 형평성 논란이 예상되는 애자일 관리 기법을 채택하기가 쉽지 않았다. 그러나 오늘날 작업 환경에서는 개인보다 팀 중심으로 짜여 있고 한두 명의 스타 직원보다는 좋은 팀을 만드는 것이 더 중요해졌다. 또한 개인의 지식이 조직의 자산으

표 1 신속한 변화를 위한 프로젝트 관리의 주요 단계

스크럼 팀에 사용되는 애자일 주요 단계	설명
프로젝트 헌장	비전(대상, 방법, 이유), 미션, 성공 요인을 포함하는 1페이지 분량의 요약
스크럼 팀	각 팀의 역할은 자신의 강점을 기준으로 한다. • 스크럼 마스터 - 진행 상황을 추적해 작업을 완료하고 장애물을 제거해 팀의 생산성을 최적화한다. • 제품 책임자 - 결과물이 고객의 기대에 부합하도록 팀과 고객 간 연결성을 강화한다. • 납품 팀 - 제품 책임자의 의도에 따라 일상 업무를 완료해 제품을 전달한다.
페르소나/ 사용자 스토리	다양한 고객(내부 또는 이해관계자)과 대화해 전달하고자 하는 내용을 일관되게 이해시킨다. '사용자 역할'은 나는 ○○을 원해/필요하다/할 수 있다 등 원하는 '목표'에 대한 '이유'를 설명한다.
제품 백로그	사용자의 희망사항에 대한 사용자 스토리를 모으고, 사용자 스토리를 기반으로 하는 높은 수준의 제품 요구사항(제품 특징 및 기능) 목록을 만든다.
발표 계획	만족시키고자 하는 사용자 스토리, 제품 백로그를 기준으로 관리 가능한 형태로 분류된 스프린트를 모은다(2~12개).
스프린트	100% 구현 가능한 상태로 완제품의 업무 스케줄을 짜고, 할 일, 진행 중, 완료된 일을 3열로 표기하는 작업판을 만든다.
매일의 스크럼/스탠드 미팅	매일 진행되는 스크럼/스탠드 미팅은 각각 30분의 시간 제한을 초과하지 않는다. 어제 한 일(마지막 회의 이후 무엇을 완료했는가?)에 초점을 맞추고, 오늘 할 일(다음 회의 전에 무엇을 할 것인가?)과 예상되는 장애물도 논의한다.
상황판	스프린트 완료 현황, 진행 중인 작업 및 예상 완료 시간을 모니터링한다.
스프린트 리뷰	예전에 고객에게 잘 전달되었던 사항에 대한 스프린트 리뷰를 확인한다.

로 승화되기 위해서는 개인 각자가 민첩한 방법으로 자신의 지식을 팀에 공유해야 한다. 조직 내 업무 형태를 변화시킬 수 있거나 내부 고객의 관리 방법을 바꿀 수 있다는 것은 외부 고객을 위한 제품 및 서비스 역시 변화시킬 수 있다는 신호가 된다.

HR은 애자일 도구를 사용해 부서를 운영하고 직원 경험을 높일 수 있다. 피터 카펠리와 애나 트래비스Anna Travis가 『하버드 비즈니스 리뷰』(2018)에 기고한 논문 「HR은 애자일로 한다HR goes Agile」에서 보여주듯이, 많은 경영주가 이미 성과 평가, 코칭, 팀, 보상, 채용, 교육과 같은 HR 영역에서 '애자일 라이트' 방법론을 사용하고 있다.[19]

윌레메인 보스크마Willemijn Boskma, 민커 바위저르Minke Buizer, 닌커 판 더 후프Nienke van de Hoef, 기데온 페터르스Gideon Peters 및 윌리 젤런Willy Zelen은 네덜란드에서 출판된 저서 『애자일 HRAgile HR』에서 HR의 적용 가능한 애자일 방법에 대해 구체적으로 설명한다. 그들은 애자일 기법을 HR에 적용할 수 있는 방법에 대한 많은 이론과 사례를 소개한다.[20] 민첩하고 혁신적인 애자일 기법을 HR 업무에 도입하는 데 관심 있는 사람은 반드시 읽어보길 권한다. 저자들은 HR에 적용 가능한 세 가지 수단(칸반, 스크럼, 애자일 포트폴리오 관리)을 강조한다.

■ HR 팀의 구성, 조직의 크기와 상관없이 애자일 기법은 가능하다.

애자일 기법은 기대 수준과 팀에 적합한 방식에 따라 여러 선택을 할 수 있다.

예를 들어, 칸반Kanban은 일상 업무를 보다 쉽게 관찰할 수 있도록 해준다. 따라서 일상적인 HR 업무를 하면서 동시에 애자일 프로세스에 참여하는 채용 팀에 이상적이다. 칸반은 비주얼 보드를 뜻하는 일본어다. 보통 네 개의 구역(할 일, 바쁨, 완료, 대기)으로 구성된 게시판을 작업 영역 중앙에 배치해 각 팀 구성원에게 현재 상황을 제공한다.

또 다른 애자일 도구인 스크럼Scrum은 구체적인 목표, 예산, 마감 시한을 가진 개선 프로젝트를 염두에 둔 팀에 이상적이다. 스크럼 팀은 주로 다양한 스킬을 가진 팀원으로 구성되며 고객과 긴밀한 협의를 통해 일한다. 그들은 빠른 피드백과 민첩한 능력으로 그 가치를 더한다. 스크럼에는 세 가지 역할이 있다.

- 스크럼 팀_ 셀프 조직 형태로 일하는 6~7명의 팀원으로 구성되어 다양한 스킬을 보유한 팀. 각자 맡은 업무를 완료해서 제품을 완성한다.
- 제품 책임자_ 고객의 기대에 부응하는 결과물을 위해 팀과 고객 간 연결을 중요하게 여긴다. 제품 책임자는 고객의 요청사항을 준수하고, 우선순위에 따라 결정을 내린다.
- 스크럼 마스터_ 스크럼 팀 업무를 관리하고 공정의 품질을

책임진다. 진행 상황을 추적해 작업을 수행하고 장애물을 제거해 팀의 생산성을 최적화한다.

애자일(스프린트 계획, 스탠드업 회의, 검토, 회고) 환경에서는 리드 타임을 짧게 하는 네 가지 과정이 있는데, 이를 스프린트sprint라고도 한다. 이를 통해 제품을 빠르게 전달할 수 있어 중간중간 결과물을 체크하기 쉽다. 모든 스프린트는 스크럼 팀의 목표가 무엇인지, 어떤 결과가 필요한지, 그리고 어떻게 달성할 것인지 결정하는 계획으로 시작한다. 스프린트 기간에는 매일 15분 이내 스탠드업 회의를 통해 팀원들이 진행 중인 작업을 공유하며 고객 평가를 짧게 검토하고 공유한다. 마지막 과정은 팀이 진행했던 전 과정을 되돌아보는 시간이다. HR 업무에서 스크럼은 새로운 채용 기법이나 온보드 프로그램에 대한 개발 및 테스트에 적용할 수 있다.

애자일 팀 포트폴리오 관리(Agile TPM이라고도 한다)는 여러 프로젝트를 동시에 진행하는 팀에 이상적이다. 애자일 팀 포트폴리오 관리를 활용하기 위해서는 많은 준비 작업이 필요하다. 예를 들면, 변화 관리나 인재 개발 같은 프로그램에서 전체 애자일 팀이(또는 여러 애자일 팀이) 서로 진행 과정을 실시간으로 확인하며 신속한 의사결정을 내릴 뿐만 아니라 바뀐 부분을 쉽게 적용할 수 있도록 한다.

애자일을 실현하기 어려운 과제 중 하나가 바로 보상 시스템이다. 예를 들면, 개별 급여와 보상은 HR 직무에서 언제든 분리될 수 있으며 직원 및 팀의 역량은 집단 평가 보상으로 대체될 수 있다. 또한 급여와 보상은 예산의 인건비 항목에서 분리되어 탄력적인 성과급으로 구분할 수 있다. 이러한 이유 때문에 포상금 제도는 항상 마지막에 변경되지만, 애자일 프로젝트에서는 초기에 다른 이해관계자들과 미리 논의하는 것이 중요하다.

애자일 팀이 많아져도 관리자의 숫자는 쉽게 줄어들지 않을 것이다. 하지만 관리자들은 새로운 역할을 통해 팀 코치가 될 것이다. HR에서는 애자일 팀에서 일하는 방법을 관리자들이 알게 하고 관리자들의 올바른 리더십 역량 개발을 위해 노력해야 한다.

애자일 선언문의 업데이트 버전으로, HR이 조직에서 애자일 기법을 활용하는 방법을 포함하는 애자일 HR 선언문도 있다.[21]

- 계층 구조에 대한 협업 네트워크
- 비밀보다 투명함
- 규범에 대한 적응성
- 관리 및 유지에 대한 영감 및 참여
- 외적 보상보다 내적 동기
- 의무를 넘은 포부

HR에서 '애자일 라이트Agile Lite'를 활용해 일하는 방법으로는 어떤 것이 있을까?

HR은 연 1회가 아니라 연 2회 또는 분기별 등 짧은 주기를 기준으로 하는 운영 회의를 통해 장기적인 인력 개발 전략을 세울 수 있다. 그러나 오늘날에는 5년 후에 필요한 인력과 필요한 역할을 정확하게 예측하는 것이 불가능하다.

채용에서 애자일 접근법 적용은 지원자의 과거에 대한 집착보다는 지원자의 역량과 앞으로 적용 가능한 실행과 전략을 강조하는 방식이다. 애자일 조직에서는 T자형 후보 프로파일을 선호하며, 애자일 조직의 부가가치는 현재의 전문지식(5장에서 논의)과 미래의 배움 능력(3장에서 설명)이 중요하다. 빠른 채용을 위해 적용되는 애자일 접근법은 최고의 이론이나 다양한 경험보다 더 큰 가치가 있다. 자신이 속한 조직의 브랜드 가치는 소속 직원들과의 민첩한 관계를 통해 높일 수 있다

애자일한 학습과 개발을 위해서는, HR에게 개인별 발전 계획PIP과 같은 제한적 피드백 프로그램보다는 정기적으로 직원들의 실시간 피드백과 코칭이 필요하다. 이를 통해 직원들은 다음과 같은 질문으로 자신을 돌아봐야 한다. 나는 제대로 일하고 있는가? 나는 옳은 일을 하고 있는가? 나의 강점은 무엇인가? 현재 경력 개발은 잘되고 있는가? 나 자신을 더 발전시키기 위해 할 일은 무엇인가? 이와 같은 스스로의 피드백을 위해 대시보드를 이용해 직원들의 포부를 공유하며 실수를 통한 배움을 위해 '실패 공유 공간'을

만들 수도 있다.

　애자일의 활용 툴은 스크럼 팀, 스프린트, 칸반이 전부지만, 이를 통해 생각과 행동을 조합하고 유연하고 민첩하게 고객 지향적인 조직으로 이어갈 수 있다.

행동
경제학

신고전주의 경제 이론은 새로운 경제학 형태인 행동경제학 (심리학과 경제학의 결합)으로 대체되고 있다.[22] 전통적인 경제 모델이 합리적, 개인적 행동을 통해 효용 극대화를 추구하는 것이지만, 행동경제학은 경제의 행위자로서 사람보다는 사고하고 행동하는 인간으로서의 합리성을 추구한다.[23]

의사결정에 관한 대니얼 카너먼Daniel Kahneman과 아모스 트버스키Amos Tversky의 논문에서 HR은 많은 힌트를 얻을 수 있다.[24] '시스템 I, II'는 각각 다른 두 가지 인지 사고방식을 가리킨다. '시스템 II'의 사고는 의사결정이 규칙적이고 합리적이며 인지할 수 있는 전통적인 경제 모델과 일치하며 특성상 느리고 신중하며 통제된 사고방식이다. 그러나 행동경제 모델에서 통제할 수 없는 상황이 빈번히 발생하는 시스템에서는 의사결정이 본능적으로 빠르고 직관적이어야 한다. '시스템 II' 사고의 사고적이고 의식적인 방식과 대조적으로 '시스템 I' 사고는 신속하고 자동적이다.

간단히 말해 '시스템 I' 사고를 대표하는 단어는 무의식적,

자동적, 신속, 직관적, 본능적, 힘들이지 않으며 내면의 반응에 기초하고, 통제되지 않고, 숙련된 형태다. 반면 '시스템 II' 사고는 사색적, 천천히, 합리적, 정신노동적, 의식적, 통제적, 자각적, 규칙적, 연역적 사고의 조합을 말한다.

비록 대부분의 사람이 상황에 따라 '시스템 I'과 '시스템 II'의 사고방식을 혼용하지만, 인간의 본성은 세 가지 뚜렷한 특징으로 분류할 수 있다.

- 한정적 합리성(활용 가능한 정보, 시간, 생각의 제약으로 인해 경험을 중심으로 선택)
- 한정적 의지력(장기적 목표와 이해관계의 갈등 속에서도 행동)
- 한정적 사리사욕(경제적 사리사욕을 넘어서는 대승적인 요인에 의해 영향을 받고 때로는 남을 돕기 위해 자신의 사리사욕을 희생)[25]

어떠한 판단의 근거가 되는 심리적 특성들은 HR 정책 및 프로그램에 녹아들어야 한다. 행동경제학 관점에서는 사람의 본성에 기인한 제한된 합리성, 의지력, 사리사욕을 인정하면서 의사결정에서는 무의식적인 편견을 줄이기 위해 노력해야 한다.

HR이 직원들에게 선택권을 부여하는 방식은 직원들의 결정에 큰 영향을 미친다. 공공 부문에서는 창의적인 마케팅 수단으로 소비자들에게 선택의 기회를 주는 방법을 채택해왔다.

> ■ 우리는 일반적 경험과 편견을 인정함으로써, 새로운 조직 구조를
> ■ 개발하고 올바른 방향을 선택함으로써 발전적이며 안전한 결정을
> ■ 내릴 수 있다.[26]

경험과 편견

우리는 모두 매우 바쁘다. 그렇기 때문에 모든 것을 깊이 생각하고 분석한 다음 결정할 시간이 없다. 완벽하고 신뢰할 수 있는 정보에 근거해 결정을 내리는 대신, 최선의 선택이나 경험에 의존한다. '시스템 II' 방식(사색적 사고를 사용)의 논리적이고 주도면밀한 시도보다는 '시스템 I' 방식(자동적 사고를 사용)의 최선의 선택이나 경험적 사고로서 빠른 결정을 내린다.

다음은 몇 가지 확실한 경험에 대한 간단한 설명이다.[27]

- 앵커링_ 사람들은 어떤 가치에 대해 판단할 때 맨 처음 얻은 숫자에 근거해 그 방향으로 조정하며 몰아가는 경향이 있다. 예를 들어, 직원들이 가능성 높은(그리고 실현 가능한) 프로젝트를 완성해나가는 과정들은 프로젝트 업무의 오리엔테이션을 위한 좋은 계기가 된다. 사람들은 업무의 좋은 출발점(또는 닻)을 통해 새로운 영감을 얻을 수 있다.
- 가용성_ 사람들은 얼마나 쉽게 실제 사례를 떠올리는가에 따라 리스크를 평가한다. 관련 리스크 사례를 쉽게 떠올

릴 수 있다면, 더 많이 겁내고 염려할 수 있다. 예를 들어, 과거에 해고당한 적 있는 사람은 해고된 적 없는 사람보다 해고에 대해 더 많이 걱정할 것이다. 그러한 사건을 경험한 사람의 경우 위험을 실제보다 더 높게 판단하는 경향이 있지만, 이러한 사건을 경험하지 못한 사람은 위험에 대해 인지하지 못한다.

• **대표성_** A와 B 중에서, A가 B에 속할 가능성은 A의 이미지와 B의 고정관념이 얼마나 비슷한가에 의해 판단된다. 고정관념은 진실된 내용을 가지고 있지만, 잘못 비교되거나 상황이 맞지 않을 때는 편견이 생길 수 있다. 이런 현상은 다양한 특성을 가진 직장 동료를 정형화된 방식으로 평가할 때 자주 발생한다.

• **틀 짜기_** 틀에 박힌 방식은 사람들을 의도와 다른 방향으로 움직이게 한다. 사람들은 수동적이고 소극적으로 자신의 의견을 얘기하기 때문에 고정된 틀은 위력이 있다. 그러나 이를 적절히 활용하면 올바른 방향으로 추진력을 발휘할 수 있다. 반대로 부적절한 정보로 만들어진 틀로서 직원들을 속이는 경우도 있다.

• **손실 혐오_** 사람들은 손실을 유발할 수 있는 결정을 피하는 경향이 있다. 지는 것을 싫어하는 사람들의 생각은 손실에 매우 감정적으로 반응할 수 있다. 모든 사람이 질 때

는 비참함을 느끼고 이길 때는 행복함을 느낀다. 그렇기 때문에 모두 손실을 피하는 결정을 찾는다. 손실을 회피하는 경향은 변화를 통해 이익을 얻는 상황에서도 이를 거부하도록 할 수 있다.

이와 같은 특징을 통해 결정을 내리는 경향은 직원들의 행동에 영향을 미친다. HR 역시 채용, 선발, 성과 관리, 복리후생 및 기타 실무에도 이러한 경험이 활용된다. HR은 다른 사람들과 마찬가지로 무의식적인 편견의 대상이 될 수 있다는 것을 알아야 한다.

무의식적 편견에 영향을 받는 많은 HR 사례가 있다. 예를 들어, HR은 구직자의 이력서를 전달할 때 구직자에 관한 정보(이름, 성별 및 기타 개인 정보)를 숨김으로써 편견을 줄일 수 있으며 더 나아가서는 인공지능을 통해 선택할 수 있다. 또한 HR은 관대함이라는 감정에서 벗어나 당장 폐지해야 하는 혜택을 과감히 없애야 하며(손실 거부 편견), 필요하면 직원들에게 가능한 한 고정 혜택 중에서 선택하도록 하는 것이 좋다. 또한 HR은 새로운 정보를 제공함으로써 얻을 수 있는 최상의 시스템을 만드는 데 도움을 줄 수도 있다. 성과 관리와 관련해서는 높지만 현실적이며 달성 가능한 목표 설정을 유도할 수 있다. 채용이나 연봉 협상에 대해서도 동일한 방법을 적용할 수 있다.

선택 구조

앞에서도 언급했듯이, 사람들은 매시간 수없이 많은 선택을 한다. 만약 우리가 모든 상황에서 의식적으로 선택하고자 한다면, 일을 거의 할 수 없을 것이다. 우리가 하는 대부분의 선택은 자동적이고 직관적이며 충동적이다. 선택을 유도하는 너징은 바로 이러한 선택 구조를 이용한다.

선택 구조는 의사결정 상황을 논리적으로 정리함으로써 의사결정 방식에 도움을 준다. 선택의 자유를 주면서도 원하는 선택을 위한 판단에 영향을 미치는 것이다. 이러한 방식을 통해 더 나은 의사결정을 할 수 있는 몇몇 최종 선택 사항만 남게 된다.[28]

아이들을 위해 더 건강한 스낵을 고르는 부모처럼, 선택 설계는 부모의 마음 같은 선택의 자유를 주는 자유 의지적 형태를 띤다. 혁신적인 기업의 HR은 직원들의 건강하고 즐거운 삶에 도움이 되는 조직 문화를 위해 노력한다. 카페테리아에서 직원의 눈에 잘 띄는 위치에 건강한 스낵을 놓고, 매대 맨 아래나 위에 사탕을 놓는 형태와 유사하다. 물론 우리는 직장에서 건강에 좋지 않은 간식을 모두 없앨 수 있다. 그렇지만 사람들에게 선택권을 주되, 그들이 원하는 선택보다 회사가 원하는 선택을 하게 하기는 쉽지 않다.

리처드 탈러Richard Thaler와 캐스 선스타인Cass Sunstein은 혁신적인 기업의 HR이 직원들의 의사결정 상황을 설계할 때 고려해야 하는 사항을 설명한다. "선택 구조는 사용자 친화적인 환경을 설계함으로써 다른 사람들의 삶을 개선할 수 있다."[29]

너징

선택 구조의 한 측면은 너징nudging이다. 너징이란 누군가의 관심을 끌기 위해 부드럽게 밀치는 행위를 뜻한다. 너징은 경제적 부담 없이 손쉬운 형태의 활동을 통해 예측 가능한 방식으로 행동을 변화시킨다.[30]

사람들의 행동은 전통적으로 법률, 규정, 정책, 그리고 금전적인 혜택을 통해 제어된다. 그러나 이러한 방법들이 항상 성공적이지는 않으며 때로는 더 많은 비용이 들 수도 있다. 항상 규칙을 따르거나 이익을 위해 이성적인 선택을 하는 것은 아니다.

『넛지Nudge』의 저자인 탈러와 선스타인은 인센티브와 너징을 적절하게 활용함으로써, 사람들의 삶을 향상시키고 사회 주요 문제들을 해결할 수 있다고 제안한다.[31]

의사결정에서의 많은 편견은 HR에 동료 직원에 대해 너징할 기회를 제공한다. 너징은 대규모 HR 변화 관리 프로젝트에서도 사용될 수 있다. 부서 이기주의가 만연한 조직에서 서로 협력하고 지식을 공유하며 다른 부서와의 자극을 통해 업무를 원할하게 진행하는 방법을 도입한다고 가정하자. 개별적인 협상에 익숙한 직원들에게 개방적이고 투명하게 바뀐 공간과 회의실 등의 환경이 제공되었다. 직원들은 새로운 사무실 배치가 멋지다고 생각하지만 새로운 환경에서 일하는 데 어려움을 호소한다. 그들은 항상 하던 대로 일하는 것을 선호한다. 이것은 그들이 원하기 때문이 아니라 계속 그 상태로 일해와 익숙해졌기 때문이다. 우리는 습관의 동물이기 때문에 행동을 바꾸는 데 어려움을 겪는다. 변화하기 위해서는 어느 정도 시간과 적응에 도움이 되는 집중적인 지원이 필요하다. 상식과 이성에 호소하는 것만으로는 불충분할 수 있다. 정말로 새로운 변화를 원하면 새로운 방식에 노출될 필요가 있다. 변화 관리를 위해서는 직원들에게 다른 방식으로 일할 수 있도록 구체적인 개입과 적절한 너징을 찾는 것도 좋다. 누드 엘리베이터를 만드는 것만으로도 직원들이 엘리베이터가 아닌 계단을 이용하도록 유도할 수 있다. 물리적 환경의 작은 변화가 큰 행동 변화를 이끌어낼수 있다는 것은 놀라운 사실이다.

HR
분석

HR 분석은 조직 데이터, 외부 데이터 및 HR 데이터를 직원 만족(또는 소프트 HRM)과 의사결정 같은 HR의 전략적 판단을 위해 활용하는 것을 말한다. 데이터 웨어하우징(사용 데이터의 스마트 저장)과 비즈니스 인텔리전스(데이터를 회사의 경영 목적으로 가능하게 하는 것) 같은 많은 기술적 용어가 이와 관련되어 있다. HR의 전략적 판단에 사용된 데이터는 통계 기법을 통해 의미 있는 방법으로 정리, 분석, 제시된다.[32] HR 분석을 위해서는 데이터 지원에 의한 의사결정으로 인재 관리를 하고 이에 대한 효과성, 효율성 및 영향력을 확인해야 한다.[33]

HR 분석을 위해서는 먼저 관련된 질문을 확정해야 한다. 그러고 나서 4단계의 뚜렷한 과정을 거친다.

- 프로젝트 범위_ 실용성 높은 프로젝트 선별, 데이터의 기능 및 한계 상황 이해, 조직 목표와 연계된 연구 질문 및 설계 확인, 필요한 데이터의 종류와 출처 파악

- 팀 조합_ 분석 능력을 보유한 멤버들을 확인하고 관련된 주주들, 그리고 주요 의사결정자를 파악한 후 제한적인 데이터를 통한 각각의 이해 및 활용
- 데이터 관리_ 데이터 확보, 저장, 분석, 해석 및 시각적 결과 제시
- 전략적 행동_ 이해관계자에게 데이터 기반의 결과를 통해 방법을 제안하며 결과에 기초한 의사결정 제공

마지막으로 최종 결정이 조직과 HR에 미치는 영향을 평가한다. HR 업무 주기별 인재 관리에 대한 가치평가는 이미 충분히 문서화되어 있다.

▌데이터 트래킹은 패턴과 테마를 찾고 이에 맞추어 행동하기 위한 최적의 조건을 확인할 수 있게 해준다

인간의 행동을 측정하고 확인하려면 양적 도구뿐만 아니라 질적 도구도 사용해야 한다. 인재 관리를 위한 데이터 마이닝, 감성 분석, A/B 테스트와 같은 다양한 분석 기법이 HR에 적용되고 있다.

데이터 마이닝

데이터 마이닝은 대규모 데이터베이스에서 원하는 데이터

를 추출하고 검사한다. 예를 들어, HR은 직원의 라이프 사이클 전체에 적용하거나, 특정 동향 및 이용 패턴을 파악하기 위해 HRIS 데이터(복리후생, 경비 보고서 관리, 출장 데이터 등) 같은 자료의 패턴을 조사하고 찾아낼 수 있다. HR은 과거의 기업 데이터를 활용함으로써 더 나은 데이터 기반 의사결정을 내릴 뿐만 아니라 더 예측 가능한 모델을 구축할 수 있다.

폴 레오나르디Paul Leonardi와 노시르 콘트랙터Noshir Contractor 는 2018년 11~12월 『하버드 비즈니스 리뷰』에 발표한 「인간 분석 높이기Better People Analytics」에서 더 나은 직원 분석 방법을 제안한다. 그들은 단순히 직원 개개인의 특성을 파악하기보다는 직원들 간 상호작용을 개개인의 특성과 같은 비중으로 고려하는 방식을 제안한다. 그들은 관계 분석을 통해 회사의 디지털 커뮤니케이션 흐름을 파악하고 소셜 네트워크에서 그 자료를 찾으라고 제안한다(이메일 교환, 채팅, 파일 전송 등).[34]

감성 분석

감성 분석은 펄스 조사pulse surveys 또는 텍스트 분석을 통해 직원의 의견이나 정서에 대한 데이터를 얻는 것이다. 데이터는 보통 이메일, 소셜 미디어 플랫폼 및 인터넷에서 수집하거나 정기적인 직원 표본 질문을 통해 수집한다.

이 방법은 전혀 새로운 것이 아니며, 이미 일반적인 트렌드와 선거 결과를 예측하기 위해 학계에서 사용되어왔다.

감성 분석은 회사 전체의 소셜 네트워크를 통해 직원의 감정, 동인 및 참여도를 파악해 직원의 업무 특성과 행동을 더 잘 이해할 수 있도록 한다. 이를 통해 조직 문화의 변화를 감지하고 조직이 하고 있는 일에 대한 결과 데이터를 수집한다.

그러나 직원들의 감정 데이터를 주변 방식으로든 자체 방식으로든 활용하는 것은 데이터의 소유권이 회사인 경우에도 직원의 프라이버시에 관한 문제가 생길 수 있다.

A/B 테스트

A/B 테스트는 두 가지 방식(A와 B)을 비교해 어떤 방식이 더 나은지 확인하는 것이다. 이러한 테스트는 일반적으로 잠재 고객을 두 그룹으로 나누고, 각 그룹에 대한 매력도를 알아보기 위한 시장 조사에서 사용된다. HR은 다양한 보상 방식에 대한 매력도를 테스트하기 위해 사용하거나 다양한 HR 접점에 대한 직원 만족도를 비교할 때 사용할 수 있다.

A/B 테스트에서는 두 가지 다른 유형을 비교하는 시스템이다. A는 '현재 상태'이며, 현재의 시스템이다. B는 우리가 테스트하거나 개선하려고 하는 '새로운 방법'이다. 테스트 진행자는 임의로 그룹 A 또는 B를 할당한다. 테스트의 성공 지표는 새로운 방식이 더 적합한지 아니면 기존 방식이 더 나은지 결정하기 위해 통계적

으로 충분한 결과가 수집될 때까지 계속 테스트한다. 이러한 종류의 실험을 통해 HR은 변화를 위한 최적의 결론을 얻을 수 있다.[35]

데이터를 활용함으로써, HR은 인구통계에 근거한 특정 그룹의 직원 경험을 근무 조건에 따라 분류할 수 있다. 전문 HR 잡지에서는 HR 분석에 의한 결과가 인기를 얻고 있지만, 많은 기업이 그 잠재력을 활용하지 못하고 있다. 이는 유감스러운 일이다. 왜냐하면 HR은 외부의 데이터 전문가들을 통해 직원 데이터에 대한 새로운 시각을 얻으며 이러한 분석과 통찰은 HR의 의사결정에 좋은 기반이 될 수 있기 때문이다. HR 분석은 새로운 가치를 얻는 수단이 될 뿐만 아니라 기존 HR 보고서와 지표에 대한 효과적인 대안이 될 수도 있다.

글로벌 표준화와
현지 적응

직원 경험을 설계할 때 HR의 핵심 역할은 직원의 업무와 조직 문화를 일치하도록 만드는 것이다. 모든 직원에게 적용되는 HR 프로세스와 절차는 어느 정도 표준화 작업을 해야 하지만 법적 사항에 대한 규정은 지역적인 문화적 민감성을 고려해야 하며 직원의 다양성과도 보조를 맞추어야 한다. 글로벌 표준화와 지역적 적응에 대한 논의는 규모의 경제를 중요시하는 조직의 글로벌 표준화와 동시에 현지 법규를 준수하고 지역 문화를 수용해야 하는 이중성을 내포하고 있다.[36]

글로벌 표준화와 지역적 적응의 관점에서 HR 프로세스의 설계는 다양한 경험을 활용하는 경우가 많다. HR 원칙은 표준화해야 하고, 실행은 현재 법규와 문화에 맞추어 현지화해야 한다. 즉, 상위 업무 프로세스는 표준화하고, 직원에 해당하는 하위 업무 프로세스는 현지화해야 한다. HR 측면에서 현지화에 대해서는 많은 사례가 있는데, 각기 다른 국가에서 그들의 문화, 사는 방식 및 법률 시스템에 맞추는 것을 의미한다. 즉, 각기 다른 문화적 환경에서 다양성, 보상, 고용, 팀워크 및 기타 HR 업무를 어떻게 해결할 것인가, 그리고 어떻게 평가할 것인가 등을 의미한다.

부가가치가 거의 없는 많은 HR 업무 활동의 자동화는 전략적인 HR 업무에 참여할 기회를 제공한다. 여기에는 기존의 HR 업무를 보완하거나 새로운 역량과 기술의 도움이 필요하다.

이를 통해 HR 영역을 잘 모르는 리더도 HR 개념과 철학에 대해 배우고 조직의 진정한 문화에 대해 이해관계자(고위 경영자, 팀장 및 직원)와 파트너십을 체결할 수 있게 되었다.

혁신적인 조직들은 팀워크, 개발, 고용, 보상, 직원 문제에 관해 모든 리더가 공통의 전략적 HR 비전을 공유하는 형태로 진화하고 있다. 「월스트리트 저널」, 「파이낸셜 타임스」, 『하버드 비즈니스 리뷰』 등 비즈니스 리더들이 자주 읽는 출판물, 블로그에서 10년 전과 비교해보면 더 많은 HR 관련 기사를 볼 수 있다. 또한 링크트인 등의 다양한 HR 네트워크를 통해 개인적이든 업체와 관련된 것이든 HR 트렌드와 혁신에 대한 논의가 활발히 전달되고 있다.

HR은 #ZigZagHR 역량을 이해하고 활용해야 한다. 직원들에게 요구되는 새로운 업무와 혁신적 사고를 도와주며, 직원들을 더 나은 곳에서 안내해야 한다.

새로운 #ZigZagHR 역량으로 무장한 HR 실무자는 단순한 HR 전문가 이상의 위치에 설 수 있다.

요약

인구와 기술의 변화, 그리고 이에 따른 글로벌화는 우리가 일하는 방식, 일의 종류, 조직 내 동료에 대한 정의를 새롭게 정립해야 하는 등 엄청난 혼란을 야기했다. 이에 HR은 자신의 역할을 새롭게 정하고 설계하며 새로운 가치를 부여하는 과제를 받았다. 전통적인 HR 업무의 혼선에도 불구하고, 일부 HR 업무 기능(저부가가치 활동)이 자동화 시스템으로 대체되는 현상은 HR에 전략적인 비즈니스 제휴와 같은 새로운 역할을 요구하게 될 것이다. 이제는 HR을 위한 새로운 기술이 필요하다. 핵심 질문은 다음과 같다. "새로운 시스템에서 HR은 어떠한 가치를 만들 수 있는가?" 이제부터 HR 전문가는 다른 분야의 기술과 도구를 활용해 기본 HR 역량을 보완하고, 동시에 디자인 싱킹(전략), 행동경제학(심리학과 경제학의 결합), 애자일 관리(유연한 프로젝트 관리), 분석(데이터 분석 및 관리 과학)을 포함하는 #ZigZagHR 역량을 향상시켜야 한다.

외부적 환경 변화에
대응하기 위해선
HR 내부 먼저
변해야 한다

제5장

#ZigZagHR
커리어

만약 HR이 선제적 역할을 하기를 원한다면,
근본적으로 자신을 새롭게 해야 한다.
이를 위해서는 새로운 역량도 필요하지만
혁신적인 방식(#ZigZagHR-Ecosystem)도 필요하다.
이 장에서는 우선 관리적 측면에서 HR을
살펴보고, 그에 따라 직면할 많은 과제를
알아볼 것이다.

반드시
HR을 새롭게 해야 한다

일부 혁신적인 기업은 외부적 환경 변화에 따른 새로운 요구사항에 맞춰 전통적인 HR 사고와 정책을 없앴으며 조직 내부적으로 새로운 HR 솔루션을 고안해냈다. HR은 외부적 환경에 대응하기 위해 조직을 내부에서부터 변화시켜야 한다. 시대에 뒤처지지 않기 위해 자신의 일부분을 버려야 한다는 것은 어려운 주문이다. 그러나 HR을 새롭게 하려면 아무리 어려울지라도 내부에서부터 해결책이 마련되어야 한다.

HR의 생존과 조직의 성공을 위해서는 이러한 접근 방식의 변화가 필요하다. 혁신적인 HR 변화에서는, 기존의 HR 시스템에 대한 부담이 적은 '신생 기업들'과 그렇지 않은 '기존의 기업들'을 동일시하면 안 된다. HR 실무자는 도전적인 질문들에 대답하는 과정을 통해 새로운 사고와 논리를 개발하고 이를 발전시켜 혁신해야 한다. 즉, 애자일한 방식으로 변화를 이끌어야 한다.

단순히 HR에 대한 일회성 해결책이나 소극적인 변화 이상의 처방이 필요하다. 그러한 방식은 이미 의미 없는 것으로 밝혀졌기 때문이다. HR 실무자는 비제이 고빈다라잔과 크리스 트림블이 2011년『하버드 비즈니스 리뷰』에서 제안한 '3박스' 접근법 형태로 실천해야 한다. 먼저 현재 사업의 가치와 성과 향상을 위해 계속 진행할 것을 결정해야 한다(박스 1). 그리고 현재 하고 있는 일에서 더 이상 필요 없는 것을 파악해야 한다(박스 2). 마지막으로 조직의 근본적인 비즈니스를 변화시키고 직원과 조직 모두에 진정한 가치를 더하는 혁신적인 프로세스를 만들어야 한다(박스 3).[1]

4장에서 기술한 바와 같이 기존의 업무 역량은 새로운 업무 지식, 도구 및 다양한 분야의 기술을 통해 보완되어야 한다. 조직 내에서 막힌 부분을 깨고 소통하는 과정이 필요하다. 이를 위해 #ZigZagHR은 더 많이 준비하고 배워야 하는 것이다.

HR: 벽 안에 갇힌
또 다른 벽

HR은 경영학의 범주 안에서 지난 수십 년간 발전해왔다. HR은 업무적 관점과 전략적 측면에서 폭넓은 범주로 계층화되었으며, 나아가 다양한 하위 분야(인력 계획, 채용 및 선발, 보상 및 복리후생, 성과 관리, 학습 및 교육, 관계 등)로 분산되어 있다(HR BoK).

지난 10년 동안 HR을 위한 선도적인 역량 모델을 개발한 데이브 울리히와 웨인 브록뱅크의 노력을 통해 HR BoK는 실무자 중심의 정책, 실행뿐 아니라 학문적인 부분까지 선도하면서 발전해왔다.[2]

HR 전문가 집단은 미국, 캐나다, 영국 등에서 HR 역량에 대한 문서화 작업과 HR 실무자의 업무 향상 인증 프로그램을 개발했다.

HR은 다른 직무에 비해 T자형 지식 기반(어떤 한 분야에 고도의 전문성을 가지고 있으면서, 다른 영역과 잘 융합되고 협력하며 통섭할 수 있는 인재)을 요구하기 때문에 전문화 정도가 매우 낮다고 해도 과언이 아니다. 그래서 HR 영역에 진입하는 데 장벽이 별로 없고 HR의 고객이 누구인지도 분명하지 않았다.

HR 혁신의 기본 원칙 중 하나는
지속적으로 자신을 발전시키려는
HR 실무자의 사고와 의지에 있다.
현재의 조직과 이해관계자들에게
새로운 가치를 더하기 위해서는
한때 HR 영역에서 중심적 역할을 했던
가치들이 더 이상 충분하지
않다는 것을 깨달아야 한다.

스페셜리스트, 제너럴리스트, 아니면 중간에 끼인 사람?

HR BoK는 심리학, 사회학, 법학과 같은 학문에서 파생되었으며, 현재 비즈니스에서 매력적인 사업 파트너가 되기 위해서는 다양한 사업 분야(회계, 금융, 마케팅, 운영, 경영, 데이터 분석, 전략)에 대한 기본 지식이 필요하다.

HR이 다른 부서에 비해 전문성이 낮은 첫 번째 이유는 HR이 스스로 범위를 좁히거나 지식을 고립시킨다는 사실과 관련이 있다. HR 실무자는 제너럴리스트(범위는 넓으나 깊이는 없음, 다양한 분야의 지식은 있으나 어느 분야에서도 마스터는 아님) 또는 스페셜리스트(깊이는 있으나 범위가 좁음, I자형)로 되는 경향이 있다. 둘 다 답답하고, 조직 안의 통제된 상황에서 제한적인 업무를 하거나 행정 업무 성격이 짙은 복지, 급여, 노사 관계, 고용법 같은 HR 활동을 하는 데 익숙한 사람들이다.

이러한 활동은 프레더릭 허즈버그Frederick Herzberg가 동기 이론에서 '위생 요인hygiene factors'이라고 이름 붙인 것이다.[3] 그들은 어느 수준 이상으로 일해야 하지만, 실제로 조직에 어떠한 가치를 더

하지는 못한다. 인공지능과 IT 알고리즘에 의해 통합될 가능성이 높은 HR 활동이다. 오늘날 혁신적인 HR 회사들은 이러한 HR 업무 활동을 서비스 센터, 챗봇, 기타 무인정보통신기술ICT 도구의 사용, IT 시스템 및 앱을 통해 자동화된 시스템으로 운영하고 있다.

CHRO 역할 또는 HR 책임자의 역량은 다양한 전문 분야에서 스페셜리스트 혹은 때에 따라 제너럴리스트로 역량을 발휘하는 T자형과 M자형이다.[4] HR 업무에 영향을 주는 여러 분야에 대해 깊이 있게 이해하고 이를 통합적으로 관리해 조직의 전략적 목표에 맞추어 HR 업무를 총괄한다. 그러나 놀랍게도, 많은 CHRO의 성공은 HR 영역보다 비즈니스 지식 혹은 다양한 글로벌 경험 등 다른 분야에서 비롯되었다. 또한 HR 혁신 및 전략적 실행에 대한 주체가 조직의 역량 분석, 소프트웨어 애플리케이션 활용, 내부 직원 경험 등과 상관없는 외부 HR 컨설턴트에 의해 주도되고 있다는 것은 놀라운 일이다.

중간에 끼여 있는 HR 실무자는 HR 콘퍼런스, 블로그, 출판물 등에서 인기를 얻고 있는 새로운 아이디어에 많은 부담을 느낀다. 매력적이면서도 고상한 제안과 새로운 요구사항이 담긴 이러한 아이디어는 직장의 특정한 상황에서도 아무 문제 없이 잘 적용될 것처럼 보인다. 그러나 HR 실무자는 구체적인 테스트가 미비하고 다른 부서의 도움이나 지원이 없는 현실 상황에 직면할 가능성이 높다. 혁신적인 애플리케이션, 새로운 이론, 신모델 및 도구에 익숙해져야 하는 기간에도 HR 실무자는 자신의 작업 환경에서 강도 높은 현업과 규정 중심의 HR 활동을 계속해야 한다.

객관적으로 보면 혁신적 기업들의 HR 시스템이 아닌 혁신적 업무에 더딘 HR 제너럴리스트들과 스페셜리스트들에 의해 HR에 대한 불만사항이 발생한다. 그래서 HR 실무자는 새로운 역량을 개발하고 자신의 역할을 새롭게 혁신할 의무가 있다. 그것이 #Zig-ZagHR 역량에서 주장한 내용이다.

누구나 HR 업무를 할 수 있어, 그렇지?

'진정한' 직업의 특징은 어느 정도 고등교육을 받고 윤리적인 행동을 준수하며 전문화된 조직에서 전문지식을 바탕으로 자율성을 발휘해 일하는 것을 뜻한다. 뿐만 아니라, 이런 자격을 가지고 있지 않은 사람을 구성원에서 제외할 수 있다. HR 자격증에 대해 인증 시스템을 가진 나라는 세계적으로 미국, 영국, 캐나다 등 몇 개국에 지나지 않는다. 비록 글로벌하게 그 범위를 확대하는 것이 목표지만 지금까지는 주로 앵글로색슨 지역에 국한되었다. 실제로 HR 직무를 대표하는 뚜렷한 기준이 없기 때문에, 누구나 기업 안에서 HR 역할을 맡아 일할 수 있다. 특히 고위직 HR 직무에서는 때때로 HR 영역 밖의 인재들이 CHRO로 임명되는 것을 본다. 그러한 현상은 HR의 전문성이 낮은 두 번째 이유다.

> "모든 사람이 HR과 관련 있다"라는 말을 종종 듣는다. 우리는 자신의 역할과 무관하게 사람 관리에 대한 공동 책임을 진다. "모든 사람이 HR과 관련 있다"라는 말 대신에 우리는 "모든 사람은 HR을 해야 한다"라고 할 것이다.

도와줘!
누가 진짜 고객이야?

　　HR의 전문성이 낮은 세 번째 이유는 HR의 주요 고객이 누구인지 명확하지 않다는 것이다. 비즈니스에서 자신의 외부 고객이 누구인지 아는 것이 중요한 것처럼 HR도 같은 질문을 스스로 던지는 것이 중요하다. 고객에 대한 명확한 개념은 자신의 목적에 집중하기 위해 필수적인 요건이다. HR 업무의 경우, 외부 변화에 대응하는 동시에 내부 이해관계자들의 요구에 따라서도 변화해야 하기 때문에 점점 더 자신의 주 고객이 누구인지 알 수 없게 되었다.

　　HR은 직원, 팀장, 회사로 구성된 다양한 이해관계자와 업무를 한다. 또한 노조, 정부기관, 교육기관 등 다른 이해관계자들과도 협력한다. 이렇게 다양한 이해관계자는 원하는 사항이 다를 뿐만 아니라 그룹 내 이해관계도 다양할 수 있다. 조직 내에서 서로 다른 요구사항의 균형을 맞추고 최적의 선택을 이끌어내는 것이 바로 HR의 역할이다. 하나의 이해관계자(예: 직원 또는 노조)도 만족시키면서 다른 이해관계자(예: 조직의 이익 및 법적 준수)들도 만족시키는 선택점을 찾는다. 많은 HR 업무(다운사이징, 해외업무 위탁, 아웃소싱, 보상, 성희롱 등의 조정업무)는 직원들에게 HR에서 'H'를 잃어버렸다는 인식을 심어주었다.[5] 직원의 요청사항보다는 조직 입장에서 조직의 보호자로서 더 높은 비중을 가지고 일하는 것으로 인식되었기 때문이다.

또한 많은 회사의 경영진은 고용 형태가 다양한 직원(프리랜서, 하도급 업자, 기타 계약직 직원)들과 함께 일하고 있다. 그러나 HR이 이런 다양한 고용 형태를 가진 사람들을 위해 어떤 역할을 할 수 있고 또 앞으로 어떤 역할을 해야 하는지에 대해 의문을 제기하기도 한다.

과학에서 중요한 발견은 종종 연구자들이 보정된 경로에서 벗어날 때 일어난다.

새로운
HR 도전

역사적으로 중요한 과학적 발견은 일반적인 예상 경로에서 벗어난 우연의 결과에서 나오는 경우가 많다. 이 같은 결과는 일반적인 상황을 다른 관점에서 관찰하기 때문에 새로운 통찰력을 얻을 수 있으며 자신의 사고 패턴에 다양한 변화를 주는 연결고리에 의해 만들어진 것이다.

토머스 쿤Thomas Kuhn은 1962년 저서 『과학 혁명의 구조The Structure of Scientific Revolution』에서 이것을 패러다임의 변화라고 불렀다. 패러다임의 변화나 패러다임의 이동은 기존의 패러다임(공통적으로 받아들여지는 사고방식)을 거부하고 전혀 다른 접근 방식과 새로운 질문을 던지는 과정을 통해서만 발생한다.[6]

#HR 패러다임을 개발할 때 우리는 빠르게 성장하는 비정규직 노동력 모델, 인공지능과 머신러닝의 영향, 성장을 위한 마인드, HR에서 필요한 신뢰를 위한 활동 등 당면 과제를 살펴본다.

새로운
고용 모델

조직에서 전통적인 고용 모델은 고용주가 인재를 고용하거나 구매에 가까운 계약 형태의 아웃소싱을 뜻한다. HR은 이러한 '고용 vs 구매' 모델에서 고용주와 피고용인 사이 법적 관계, 문화적 이슈, 암묵적 계약 등에 대한 다양한 관점에서 직원 생활 주기를 단계별로 관리한다. #ZigZagHR 인력에서 논의했듯이, 비정규직 고용 모델은 전통적인 고용 모델과 함께 존재하지만, 향후 주 모델이 될 것으로 예상된다. 비정규직 고용 모델은 '직원'을 '비정규직 직원'으로 대체한다. 비정규직 직원은 주문형 근로자, 조건부 근로자, 독립 근로자, 프로젝트 기반 근로자, 프리랜서 근로자, 긱이코노미 근로자, 임시 근로자 등과 같은 광범위한 업무 방식과 형태로 존재한다.

비정규직 노동력(앞으로 노동의 주류가 될 예정)**의 성장은 개인과 조직의 필요에 의해 진행된다.**

근로자들은 자신의 삶에서 언제, 어디서, 어떻게 일할지에 대한 자율성을 본인이 결정할 방법을 찾고 있다. 고용주들은 인재를 적재적소에 활용하면서도 인건비를 절감할 민첩한 방법을 찾고 있다. 제3장에서 이미 논의한 바와 같이, HR에서는 근로자에 대한 새로운 고용 분류(정규직 vs 비정규직, 전통적 노동력 vs 비전통적 노동력)에 대해 많은 과제를 안고 있다. 적절한 고용 형태는 무엇인가? 혼합된 인력들을 어떻게 관리하고 있는가? 적절한 보상과 복리후생 정책은 무엇인가?

맞춤화된
업무 관계

조직 내에서의 직원 경험은 제이콥 모건이 얘기하는 '생태계 환경, 조직 문화, IT 기술의 영향'에도 불구하고, 개인들의 다양한 성향에 따라 영향을 받는다.[7] 그렇기 때문에 HR은 직원들의 삶 유형, 선호도, 성격, 업무 스타일, 다양한 표현 방법 등에 기초를 두고 직원 경험을 맞춤화하는 것을 목표로 삼아야 한다. 이런 절차는 다양한 환경에 대해 공평하고 공정해야 하기 때문에 일률적인 정책과 표준화에 중점을 두는 HR에는 어려운 주문이다. 또한 모든 사람이 공통된 업무 공간에서 함께 일하는 형태가 아니라 원격으로 일하거나 시간 차이를 두고 일할 수도 있기 때문에 고려해야 할 상황이 많다. 예를 들면, 한 사람은 집에서 다른 한 사람은 사무실 혹은 공장에서 일하거나 다른 나라에서 일할 때 업무 관리를 어떻게 하는가 등에 관한 사항이다.

HR은 진정으로 조직 문화의 구조와 직원 모두를 이해해야 한다. 이러한 새로운 고용 환경은 HR 업무뿐 아니라 HR을 포함한 모든 조직의 문화와 구조에 새로운 관점에서 접근해야 한다. HR은 줄어드는 정규직 직원들과 늘어나는 비정규직 직원을 공평하게 지원해야 하는 새로운 도전을 맞이할 것이며, 다양한 계약 형태의 근로자들은 점점 더 원격으로 일하게 될 것이다.

인공지능,
머신러닝과 HR

인공지능과 머신러닝은 아직까지 우리의 업무에 직접적으로 적용하기에 많은 두려움과 불안감을 안고 있다. HR 업무에 적용할 때도 마찬가지다. HR 셀프서비스용 인공지능 알고리즘이 개발되면, HR 직원들은 다른 필요한 업무에 자신의 시간을 활용할 수 있고, 부담스러운 단순 업무를 자동화할 수 있다.

그러나 HR 업무가 사람의 개입 없이도 가능할까? 물론 이론적으로는 가능하다. HR의 대표적인 채용 관련 업무는 현재 인간의 개입 없이 자동화 시스템으로 활용되고 있다. 예를 들어, HR 관련 질문에 답변하는 챗봇 시스템, 직원들에 대한 행동 데이터를 분석하는 청취 시스템과 정서 분석, 다량의 데이터베이스에 기반을 둔 인간행동 추적 및 측정 장치, 그리고 행동 패턴과 결과를 바탕으로 활용하는 방법 등이 있다.

비록 HR 셀프서비스 모델이 여러 면에서 아직 걸음마 단계라는 것은 인정하지만, 인공지능은 더 이상 머나먼 유토피아나 과학 소설 속 이야기가 아니다. 그러나 최신 인공지능 모델을 사용하는 혁신적인 기업도 직원들이 의지할 수 있는 인간적인 HR이 필요하기 때문에 직원들이 서로 인간적인 관계를 유지하면서 이러한 시스템을 확장할 방법을 찾는 것이 중요하다.

한편, 정규직 직원의 숫자는 긱이코노미 인력과 프리랜서 인력의 증가와 연관되어 점차 줄어들고 있다. 만일 정규직 직원의 숫자에만 초점을 맞춘다면 HR 인력도 줄어야 할 것이다. 또한 인공지능과 머신러닝에 의해 대체되는 HR 업무도 고려해야 한다. 일반적으로 HR 직원 수에 대한 적정한 벤치마킹은 HR 직원(HR 제너럴리스트 및 스페셜리스트 역할, 급여 및 학습&개발 제외)과 비HR 직원의 비율(정규직에 해당하는 직원의 수)을 1:100으로 규정한다. 그리고 회사 규모가 커지면 HR과 비HR 직원의 비율은 평균적으로 감소하지만 고용주가 직원들과 함께 일하는 혼합 노동 시스템이나 비정규직 노동자 비율이 높은 근무지에서는 이 공식이 적용되지 않는다. 그러나 앞으로 HR과 비HR 직원 간 비율을 1:100으로 맞추는 규칙은 재고되어야 한다. 줄어드는 정규직 직원의 숫자와 자동화된 HR 서비스로 인해 HR 부서의 직원을 크게 줄일 가능성이 있기 때문이다.

HR 커리어에서
#ZigZagHR은 어떤 의미인가?

HR 업무에서 긍정적인 뉴스는 HR 업무가 조직 내에서 더 이상 마이너 역할이 아니라 메이저 역할이 되었다는 것이다. 오늘날 조직에서 가장 큰 HR 리스크 중 하나는 회사를 성장시키는 데 필요한 인재가 없는 것이 아니라 직원들의 혁신에 대한 역량이 부족해 성장이 멈추는 것이다. HR은 조직의 내·외부에서 인재를 발굴해야 하며, 인재들이 나날이 늘어나는 구조와 조직 문화를 만들어야 한다. HR의 역할은 조직에서 협업과 서로의 업무 네트워크를 통해 직원들의 기대감과 열정이 조직의 DNA에 녹아들고 이를 통해 직원의 일상적인 활동이 변화하고 발전하는 환경과 만드는 것이다. 그리고 무엇보다 HR이 이러한 노력의 중심에 있어야 한다.

> HR은 합리적인 사고를 위해 고정된 사고방식에 얽매이지 않는 열린 마인드가 필요하다. 통제보다는 신뢰를 주는 방향으로 접근하고 다른 부서와 일할 때는 폐쇄적인 원칙을 경계하며 비즈니스의 가치 증대를 위해 노력해야 한다. HR은 반드시 HR 안팎에서 존재할 수 있는 부서 간 벽을 제거하는 데 앞장서야 한다.

직원들의 경우, 직장의 문제점과 불만사항들을 소셜 미디어 및 기타 사이트에 손쉽게 공유하고 있다. 이러한 불만사항은 회사 브랜드와 이미지에 악영향을 미치므로 많은 회사가 직원들의 내부적 불만을 신속하게 해결하려고 노력한다.

고정된 사고방식에서
성장하는 사고방식으로 전환

캐럴 드웩Carol Dweck은 『마인드셋Mindset』에서 고정된 사고방식(지능은 고정적이다-결정론적 세계관)과 성장하는 사고방식(지능은 발전할 수 있다-자유의지의 지각)을 구분한다. 고정된 사고방식을 가진 사람은 영리해 보이길 원해 도전을 피하고, 장애물에 부딪히면 쉽게 포기하고, 결과를 얻을 때까지 노력하는 경우가 없고, 도움이 되는 부정적 피드백은 무시하고, 다른 사람의 성공에 위협을 느끼는 경향이 있다. 그 결과 쉽게 안주하기를 원해 자신의 가능성보다 낮게 성취한다. 그러나 성장하는 사고방식을 가진 사람은 배움에 대한 욕망이 크기 때문에, 과감히 도전하고 좌절과 장애에 직면하면 돌파하기 위해 두 배의 노력을 기울이며, 비판으로부터 배우고, 타인의 성공에서 교훈과 영감을 찾는 경향을 보인다. 그래서 더 높은 성과를 달성한다.[8]

#ZigZagHR에서는 성공하기를 원하는 HR 직원들을 위해, 다음과 같이 질문한다. 현재 내 HR 업무에서 고정된 사고방식은 무엇인가? 내가 직원들의 잠재력을 가로막고 있는 것은 무엇인가?

긍정적인 소식은
HR이 더 이상 조직 내에서
부수적인 기능을 하는 팀이
아니라는 것이다!
올바른 인재를 발굴, 확보,
유지하는 것이
모든 조직의 최우선 과제다.

#ZigZagHR은
제로섬 게임이 아니다

팀워크, 투명성, 유연성을 중시하는 밀레니얼 세대의 성장에 힘입어, 통제로 직원들을 관리하는 시스템 대신 신뢰와 협업 문화를 통해 HR 업무(성과 평가, 업무 규칙, 인사 행정, 조직 활성화 등)를 진행하는 혁신적인 기업들이 생겨나고 있다. HR이 통제(직계에 의한 승인 문화)를 기본으로 하지 않고 자율적인 환경으로 바뀌는 중대한 전환이 이루어지고 있다.

란제이 굴라티Ranjay Gulati는 2018년 『하버드 비즈니스 리뷰』에 발표한 「숨막히지 않는 구조Structure That's not Stifling」라는 글에서 '직원의 자유'와 '운영상의 통제'는 제로섬 형태의 변수가 아니며 서로 반대적인 개념으로 보아서도 안 된다고 설명한다.[9] 제로섬 게임에서 두 집단은 서로 반대편에 있으며, 한 쪽이 얻으면 다른 쪽은 잃는 구조다. 그러나 굴라티에 의하면, '직원의 자유'와 '운영상의 통제'는 그렇지 않다. 직원의 자유와 권한 부여를 위해서는 직원들에게 분명한 가이드라인을 제공해야 하며, 그런 행위의 목적, 우선순위 및 원칙 등이 조직 내에서 분명히 공유되어야 한다. 행위의 목적은 조직의 목적과 공유되는 내용이다. 우선순위는 조직의 목표를 반영하는 행동 규칙이다. 그리고 원칙은 일상 업무에서 실용적이고 합리적인 선택의 결과다.

행동을 통제하고 규제하기보다는, 직원들에게 '틀 안에서 자유'를 주어야 한다. 이러한 과정에서 직원들은 자신의 자유에 대한 한계를 알고 책임을 통해 자유를 행사할 수 있어야 한다. 그리고 HR은 실질적인 지원(온보드, 교육, 개발, 관리 지원 등) 방법을 만들어야 한다. 이를 통해 직원들이 통제가 아닌 신뢰를 받고 최선을 다할 수 있는 불간섭주의적 접근 방식이 가능하다.

HR과 경영 원칙의
사일로를 깨라

혁신적인 조직의 HR 업무는 인재 관리와 조직 문화 만들기로 이루어진다. 이 같은 두 가지 구조는 HR 영역 밖의 지식을 HR 업무 안으로 통합할 수 있는 인사 관리 능력을 만든다. 성공적인 조직에서 인사 관리 팀의 역할, 구성 및 역량은 최소 네 명의 다른 사람으로 구성되어 인사 관리 업무를 진행한다. 인사 관리 팀 중 한 명만이 HR 소속이다. 예를 들어, 구글의 인사 관리 조직은 구글의 첨단기술만큼 직원들의 다양한 문제에 혁신적인 방법을 도입한다. 구글은 직원들에 대한 기본 규칙을 유지하면서 지속적인 성장을 할 수 있도록 인사 운영을 위한 3계층 인재 모델을 고안했다. 팀의 3분의 1은 HR 배경과 역량을 가진 사람들로 구성하고, 또 다른 3분의 1은 팀의 문제 해결에 역량이 있는 산업군과 컨설팅 업체 출신으로 구성한다. 그리고 마지막 3분의 1은 더 높은 ROI를 위해 패턴, 데이터 분석 등에 능한 통계학자 또는 조직 심리학자로 구성한다.[10]

인력 관리 팀의 새로운 구성은 '인사 관리 HR'이라는 새로운 직함을 만들었다. 이런 새로운 직책은 이미 HR의 변화하는 부분을 반영한 반면, 오래되고 친숙한 직책들은 점점 덜 사용되고 있다. 새롭게 등장한 직함은 인력 운영 부사장이나 인력 관리 임원, DIBs, 인사 분석, 최고 행복책임자, 공감 관리자, 현장 HR 관리자, 팀 성공, 직원 참여, 코치 등이다. 이러한 직함들은 HR의 역할과 기여에서 다양한 변화를 보여준다.[11]

혁신적인 조직에서,
HR은 인재와 조직 문화의
설계자로서 자신들의 업무에
외부 지식을 통합할 수 있는
HR 팀을 만든다.

비즈니스에
가치를 더하기

혁신적인 HR 업무는 민첩하고, 투명하고, 데이터 중심적이며, 실제 의도한 목표를 달성하기 위한 실험과 테스트를 포함한다. 모든 이해관계자의 요구를 만족시키기 위해 지속적으로 현재 업무를 개선한다.

비스니스에 가치를 더하는 혁신적인 #ZigZagHR 업무는 성공적인 사람들이 주로 사용하는 개념화, 운영 능력 및 실행에 대한 세 가지 축으로 구성되어 있다. 그리고 모든 HR 결정은 비판적 사고, 분석 및 실행에 의해 뒷받침되어야 한다. 이 같은 내용을 조직 혁신에 대한 다양성 측면에서 설명하면 다음과 같다. 첫째, 특정 조직에서 다양성, 포용, 소속감 등이 의미하는 바에 대한 확실한 연구가 있어야 한다. 둘째, 개념이 확실해야 한다. 개념을 중심으로 사람들의 성공 또는 실패, 효율성, 실효성, 영향력 등을 측정하는 방법이 확실해야 한다. 마지막으로, 모든 조직에 대해 표준화하려면 어떻게 해야 하는가에 대한 연구가 있어야 한다. 혁신적인 HR 업무는 민첩하고 데이터 중심적이며, 실험과 테스트에 따라 작동 여부를 확인하고, 의도한 목표를 충족하며, 이해관계자가 만족하도록 개선할 수 있어야 한다.

#ZigZagHR 커리어는 경력, 고용 상태, HR 직책 및 역량에 따라 다양한 형태를 띠며, 애자일 방식으로 운영될 수 있다. 혁신적인 HR 업무를 수행하는 실무자들은 전통적인 HR 시스템 밖에서 성장한다. 그것을 HR이라고 명명하든 다른 이름으로 부르든, 혁신적인 #ZigZagHR 커리어는 전통적인 방식에서 벗어나 모든 이해관계자를 위해 일하고 있다.

비즈니스에 가치를 더하는 혁신적인 #ZigZagHR 업무는 성공적인 사람들에게서 보이는 명확한 개념화, 운영 능력 및 실행에 기반을 두고 있다.

아마존의 CEO 제프 베이조스Jeff Bezos에 의해 언급되고 대중화된 일화처럼 HR은 왜 스스로가 '짖지 않는 개'가 되었는지 살펴봐야 한다. 짖지 않는 개 모델이 실제 존재하는지 아니면 인지 형태로만 있는지는 중요한 게 아니다. 오늘 문제가 없다고 해서 내일도 문제가 없을 거라고 생각하면 오산이다. HR이 지그재그 형태로 문제의 접근 방식을 바꾸는 것은 생존을 위해 필수적이며 조직의 성공을 위해 중요시되고 있다.

요약

다른 전문직과 마찬가지로, HR은 변화에 익숙하지 않다. 직원들의 연쇄적 대량 해고 속에서 HR도 결국 해고되는 상황을 연출한 1990년대의 리엔지니어링 현상은 HR이 자신의 패러다임을 먼저 파괴해야만 선제적 리더십 역할을 할 수 있다는 교훈을 보여주었다. 이를 위해서는 인사 리스크와 근로자의 가치에 대한 새로운 사고방식이 요구될 뿐만 아니라, 통합적이고 협력적인 방식의 확장된 역량이 필요하다.

전통적인 HR과
혁신적인 HR
사이에서 어떻게
지그재그할
컷인가?

제6장

#ZigZagHR
운영

새로운 업무와 새로운 근로 환경에서, HR은
고용주, 직원의 인사에 대한 가치를 향상시키기
위해 많은 선택을 해야 한다.
HR은 이런 선택을 통해 자신의 조직 문화와
구조에 맞는 혁신적인 방법을 테스트해야
한다. 그리고 기존 HR 활동들과 테스트 결과를
비교하면서 더 나은 전략적 선택을 해야 한다.
이 같은 선택은 다양한 이해관계자를 위한
것이어야 하고, 이해관계자들과 함께 결정해야
하며, 결정을 통해 직원 경험이 개선되고 그
결과를 측정할 수 있어야 한다. 이 장에서는
통제와 규율로 대표되는 전통적인 HR 기능과
사람 중심의 신뢰에 기반을 둔 혁신적 HR 기능이
어떻게 균형을 이룰 것인가에 대해 다양한
분야에서 비교한다.

거꾸로 된
피라미드

유명한 사회학자 알렉스 인켈스^{Alex Inkeles}는 "사회학은 무엇인가?"라는 질문에 "사회학자들이 하고 있는 것이 사회학이다"[1]라고 답했다. 이는 오늘날 HR에 적용하는 데 적절한 표현이다. HR이란 HR 전문가들이 하고 있는 것이다!

HR이 무엇을 하는지, 지금 하고 있는 업무가 적절한지, 그리고 시간이 지남에 따라 어떻게 변화하고 있는지 물어보는 사람이 많다. 기업의 평균 수명은 67년에서 최근 15년으로 줄었다. 또한 지식의 반감기도 줄어들고 있다. 오늘날의 지식은 내일이면 쓸모없어지기 때문에 사람들은 지속적으로 현재의 일에 적합하도록 배워야한다. 이것은 우리를 포함한 모두에게 해당하는 일이다.

1998년 패트릭 라이트^{Patrick Wright}와 그의 동료들에 따르면 HR 업무를 전체 피라미드로 나타낼 때 전체 HR 업무 시간의 65~75%를 차지하는 일상 업무 HR 활동^{Transactional HR}(복리후생 관리, 문서 작성, 보관, 직원 서비스)이 피라미드의 하단을 차지한다. 그리고 전통적인 HR 활동^{Traditional HR}(채용, 교육, 성과 관리, 보상, 직원 관계)은

HR 시간의 15~30%를 차지하고, 혁신적인 HR 활동Transformal HR(지식 관리, 전략적 방향 설정 및 개선, 조직 변화 관리)은 HR 시간의 5~15%를 차지한다.[2]

2005년에 데이브 울리히와 웨인 브록뱅크는 전략적 인적 자원 개발을 위한 책 『HR 가치 제안』에서 일상 업무 HR 활동이 이미 10여 년 전부터 비즈니스에 실질적인 가치를 더하지 않는다고 주장했다.[3]

그러나 이와 같은 주장이 일상적인 HR 업무가 중요하지 않다는 의미는 아니다. 일상적인 HR 업무는 내부 직원 경험에서 직원들의 불만 없이 현재 일상 업무를 완벽하게 유지해야 한다. 급여가 제때 입금되지 않거나, HR 정보 시스템HRIS에 이름이 잘못 입력되거나, 복지 프로그램에 누락된 직원의 불만은 상상만 해도 끔찍할 것이다.

HR 실무자로서
날마다 하고 있는 현재 업무에
최선을 다하고 있다고 생각하는가?

혁신적인 HR은 기존 HR 업무 시간별 피라미드를 뒤집기 위해 노력해야 한다. 전통적인 HR 활동을 무시할 수는 없지만, 꾸준한 노력을 통해 일상 업무와 관련된 HR 시간의 비율을 낮춰야 하며, 혁신적인 HR 활동에 더 많은 시간을 할애해야 한다. IT 지식을 통한 HR 업무의 혁신이 바로 그 사례 중 하나다. HR이라는 업무에는 필연적으로 인간의 개입이 필요하지만, HR 업무 단계 중에서 무인 시스템(데이터 관리, 챗봇, 알고리즘, 인공지능, 딥러닝 등)을 사용해 일상 업무에 대한 시간을 줄이려는 노력이 필요하다. HR은 근로자의 요구와 경험에 초점을 맞춰 단기적, 장기적 비즈니스 가치에 기여할 수 있기 때문이다. HR은 조직의 가치 향상에 기여하는 중요한 부서다.

대담함이라는 의미의
'그린타'

이탈리아어에서 기원한 그린타Grinta는 어떤 일을 성취하려는 '확고한 의지'를 뜻한다. 배짱, 결단력, 인내력, 인격, 힘의 동의어다. 오늘날 HR 업무에 필요한 것, 즉 현상에 도전하는 용기, 우리의 역할을 변화시킬 수 있는 인내, 변화의 설계자 역할까지 할 수 있도록 하는 인내, 그리고 기회를 포착할 수 있는 정신력을 가진 성격을 묘사하고 있다.

또한 HR은 정체되어 있는 조직을 흔들기 위한 오만과 배짱, 뻔뻔함을 뜻하는 쿠츠파chutzpa가 필요하다. 제5장에서는 『삐삐 롱스타킹』이 얘기하는 "나는 한 번도 해본 적이 없기 때문에 할 수 있을 것 같다"는 거만함과 같은 성장 사고방식의 필요성을 설명했다. 아무도 현재 기술 개발 속도를 예상하거나 10년 후에 어떻게 바뀔지 예측할 수 없다. 그러나 분명한 것은 우리가 예전에 하지 않았던 것을 앞으로는 해야 한다는 것이다.

또한 우리는 HR에게
조직을 흔들기 위한 오만함,
배짱, 뻔뻔함 등
약간의 '쿠츠파'가 필요하다고
생각한다.

우리가 아는(그리고 내가 괜찮다고 느끼는) 그것이 바로 마지막 HR이다

"우리가 알고 있는 세계의 종말이다. 잘됐네, 지진으로 시작되네. 새와 뱀, 그리고 비행기. 그러나 레니 브루스는 두렵지 않다⋯⋯." 이것은 미국의 록 밴드 REM이 1987년에 발표한 노래의 가사다. 이 가사와 연관성은 없지만, 이 곡의 영상 비디오는 혼돈의 한가운데 있는 오늘날 HR의 상황을 꽤 잘 묘사하고 있다.

『직원 경험』(2017)의 저자 제이콥 모건은 "우리는 HR이 HR 아니기를 원한다We need HR to not be HR"라고 주장한다.[4] 그는 HR이 조직 전면에 등장해 '채용, 해고, 법규' 중심의 업무에서 '조직의 발전과 성장' 모드로 변화하는 것이 중요하다고 언급한다. 비슷한 방법으로, 만약 HR이 변화를 시작하려면, 현재 조직에서 고착된 규율과 통제에서 벗어나 자기 스스로를 객관적으로 보기 위한 새로운 변화가 필요하다.

잭 웰치Jack Welch는 저서에서 자주 "사람은 금융만큼 중요하다"라고 말하곤 했다. 그러나 지난 100년 동안 동일한 역할을 해온 금융과 달리, HR은 약 2년이라는 짧은 간격으로 변화하도록 요구되어왔다. HR은 금융과 비슷하기보다는 제품 개발과 IT에 더 가까우며, 기업의 지속적인 성장과 성공을 위한 새로운 기술을 개발하고 더 나은 시스템을 구현해야 한다. IT/소프트웨어 개발은 항상 새로운 혁신(클라우드 vs 데이터 센터, 애자일 vs 워터폴 프로젝트 관리 등)을 탄생시키고 있다. 이와 마찬가지로, HR은 현재의 비즈니스를 지원하기 위해 운영 방법을 바꿔야 한다. 혁신적인 HR의 모범 사례는 링크트인, 최고의 직장 상, 국제적 콘퍼런스, 웹세미나 등을 통해 번개같이 퍼져나간다.

HR에서의 혁신:
어디서부터 시작해야 하는가?

전통적인 HR 시스템보다 새로운 HR 시스템을 선호했던 신생 기업들은 지난 몇 년 동안 혁신적인 HR 시스템을 눈부신 속도와 규모로 도입했다.

혁신적 HR 활동에 대한 리서치 결과를 보면, 다양한 기업이 혁신적 HR 시스템을 점점 더 채택하고 있지만, 아직까지 HR 혁신이 조직의 인재 관리, 생산성 및 직원 만족 등에 미치는 영향에 대한 데이터는 얻기가 어렵다.

다음은 자주 언급되는 HR 트렌드다.

- **업무 자체의 변화_** 인재 관리를 위한 맞춤형 직위, 경력자 (특히 베이비부머)의 퇴사를 염두에 둔 업무분장, 단순한 직무에서 벗어나기, 특정 직업에 대한 고용이 아니라 일련의 역량에 대한 고용, 직원 가치에 목적을 둔 기업의 인수/합병
- **업무 환경 집중_** 도전적인 팀 기반 업무, 재미있는 작업 분

위기, 다양성을 가진 직장 동료, 편안한 회사 문화, 직책을 뛰어넘는 업무 분위기

- 직원 학습 관리_ 다양한 학습 도구(협업, 온라인, 현장 학습, 하이브리드 또는 혼합), 코칭, 개인 프로젝트 업무, 회사 범주를 넘어서는 고용성 증대

- 인재 확보 기술 사용_ 지원자 추적 시스템, 인공지능, 소셜 미디어, 텍스트 기반 정서 분석을 통한 채용, 퇴직금 및 내부 직원 커뮤니케이션을 위한 게임화 기법

- 맞춤화된 복리후생 제공_ 개별적으로 주문되는 복리후생 설계, 12+1개월 보상, 학자금 대출 상환, 평생 금융 자산 프로그램 지원, 탄력적인 직업 준비 프로그램

- 라이프 스타일 특권 제안_ 무료 식사 제공, 청소부터 쇼핑까지 가능한 컨시어지 서비스

- 일과 삶의 통합_ 유급 휴가, 육아 휴직, 유연근무

- 실시간 피드백 제공_ 연말 성과 평가 폐지, 단기적 목표/핵심 결과OKR 구현, 실시간 피드백 및 코칭 대화, 양방향 멘토링 참여

- 융통성 있는 업무 준비_ 언제 어디서든 일할 수 있는 환경, '새로운 업무' 계획 도입, 공동 업무 공간 제공

- 직원의 건강 및 장수에 투자_ 직원들의 건강, 재정적 지원, 스트레스 관리, 직원의 의무건강관리 제도

- 데이터 중심 의사결정_ 데이터를 역량 분석에 활용, 빅데이터에 집중, 직원의 정서 분석 및 예측
- 직원 너머의 인력 관리 집중_ 직원에 대한 정의 확대, 공유 형태의 직원, 프리랜서 및 계약직 직원, 애자일하고 긱 중심의 업무 계약, 적합하지 않은 직원은 그만두게 하는 보상 프로그램

위 사례들은 나라별로 고용 법규와 사회적 분위기가 다르기 때문에, 다양한 나라가 분포한 유럽보다는 단일 나라인 미국에 더 적합하다. 미국과 그 외 나라(주로 유럽) 간 혁신적인 HR 업무와 모범 사례가 어떻게 발전하는지 비교하고 관찰하는 것이 우리의 큰 관심사다. 미국에서는 혁신적이지만 유럽에서는 안정적으로 운영되고 있는 유럽식 HR 업무들은 이미 미국 HR 업무에도 영향을 끼쳤으며, 향후 HR 업무에 훨씬 더 영향을 끼칠 가능성이 있다.

- 육아 휴직_ 미국은 부모에게 의무적인 유급 육아 휴직을 제공하지 않는 유일한 선진국으로, 많은 미국 기업이 기업 부담으로 시행하고 있다. 밀레니얼 세대의 큰 관심사인 육아 휴직은 현재 자발적인 정책 시행을 준비 중이다.
- 업무와 삶의 분리_ 비상사태가 발생하지 않는 한 주말, 저녁, 법정 휴가, 공휴일에 이메일을 보내지 않는다.

• 일반적 복리후생_ 연간 유급 휴가, 식사, 출퇴근자를 위한 휘발유 보조 카드

어느 나라가 가장 혁신적인 HR 활동을 하고 있는가, 만일 이러한 활동을 하고 있다면 그 회사는 어떤 조직, 산업, 부문에 속하는가 등에 대한 흥미로운 질문을 제기한다.

#ZigZagHR 운영은 HR이 아무것도 안 되어 있는 빈 상태 Tabula rasa이기를 원하지 않는다. 왜냐하면 빈 상태라는 것은 좋은 것과 나쁜 것을 모두 버린 결과이기 때문이다. 대신 조직과 직원을 #ZigZagHR 운영을 통해 업무 자동화e-HRM할 수 있다. 또한 전통적인 HR 기능을 변화하는 문화에 맞춰 혁신적이면서 전통과 조화롭게 유지할 수도 있다. 이러한 테스트 결과를 바탕으로 HR 활동에 대한 새로운 운영법을 선택할 수 있도록 한다. 조직의 인사 관리 측면에서 효과 있는 정책과 그렇지 않은 정책에 대해 확인할 수 있다.

> **#ZigZagHR은 오랜 기간 운영된 전통적 HR 시스템뿐 아니라 최근의 혁신적 HR 기능에 이르기까지 전통과 혁신의 상황을 조화롭고 건강하게 운영하는 것이 목표다.**

#ZigZagHR의 목표는 4차 산업혁명을 맞은 새로운 현실에서 모든 이해관계자에게 HR의 가치를 향상시키는 것이다.

선택한다는 것은
잃는 것이(아니)다

앙드레 지드André Gide의 "선택한다는 것은 잃는 것이다"라는 말은 현재 HR에서 적용하기에 맞지 않다. 왜냐하면 조직에서 인재 개발을 위한 선택은 HR의 전략적 의무이기 때문이다.

존 부드로John Boudreau와 피터 램스터드Peter Ramstad가 2007년에 펴낸 『HR 너머Beyond HR』는 능력talentship이라는 단어의 정의를 "전략적으로 큰 차이를 만들 수 있는 인적 자원의 의사결정을 위한 조직의 영향력"으로 표현했다. 이러한 전략적 선택을 위한 HR 프로그램은 세 가지 사항을 고려해야 한다.[5]

- **효율성**_ 투자가 활동에 미치는 영향
- **실효성**_ 활동이 인재 및 조직에 미치는 영향
- **영향력**_ 인재 및 조직이 지속적인 전략적 성공에 미치는 영향

현재 고용주와 피고용인 모두에게 큰 관심을 받고 있는 HR

기능 중 #ZigZagHR 운영에 관한 10가지 예를 통해 HR이 직면하고

있는 운영상의 선택을 알아보자.[6]

<표 2> #ZigZagHR 운영의 연속 흐름

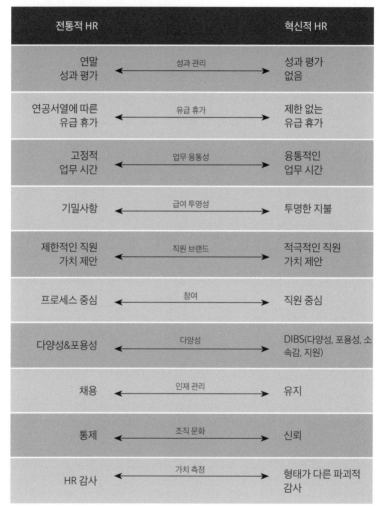

전통적 HR		혁신적 HR
연말 성과 평가	← 성과 관리 →	성과 평가 없음
연공서열에 따른 유급 휴가	← 유급 휴가 →	제한 없는 유급 휴가
고정적 업무 시간	← 업무 융통성 →	융통적인 업무 시간
기밀사항	← 급여 투명성 →	투명한 지불
제한적인 직원 가치 제안	← 직원 브랜드 →	적극적인 직원 가치 제안
프로세스 중심	← 참여 →	직원 중심
다양성&포용성	← 다양성 →	DIBS(다양성, 포용성, 소속감, 지원)
채용	← 인재 관리 →	유지
통제	← 조직 문화 →	신뢰
HR 감사	← 가치 측정 →	형태가 다른 파괴적 감사

> \#우리는 전통적 모델이나 혁신적 모델에 대한 모 아니면 도 방식이 아니라 회사의 상황적 맥락에 따라 전통적(일반적으로 받아들여지는) 방식과 혁신적(시대에 따른 변화) 방식 사이에서 조화를 만들어가는 #ZigZagHR 모델을 제안한다. 급변하는 환경에 따라 일부 혁신적인 HR 방식이 실제로는 일반적인 전통 방식으로 인지된다는 것도 충분히 알고 있다.

#ZigZagHR — 연말 성과 평가에 불참할 사람은 누구인가?

#ZigZagHR: 연말 성과 평가를 계속할 것인가, 아니면 맞춤형 코칭 및 발전된 실무 평가 형태로 대체할 것인가?

전통적인 회사에서 성과 관리 시스템은 '업적에 대한 성과 평가표'와 '동료, 관리자, 직원 등의 이해관계자를 통한 360도 평가 보고서'를 검토하는 중요 이벤트다. '평가자'인 관리자와 '피평가자'인 직원 모두 부담스러워하는 성과 평가 시간은 직원이 더 개발해야 할 영역을 확인하고, 보상에 대한 부분을 정하며, 필요에 따른 징계 조치를 문서화하고, 직원의 욕구와 요구를 공유하는 형태로 진행되었다. 성과 평가 시스템이 가진 '줄세우기' 방식의 함정과 이와 관련되어 지불해야 하는 비용들은 이미 널리 알려져 있다. 성과 평가(성과 관리가 아닌) 폐지 추세는 2015년 이후 많은 미국 기업에서 정착되고 있으며, 많은 기업이 뒤따르기 때문에 현재는 일반적인 방식으로 여겨지고 있다.[7]

최근 기업들에서 보이는 흥미로운 현상은 현재의 일률적인 접근법이 자신의 조직에 맞지 않는다는 것을 깨닫고, 새로운 성과 관리 시스템을 만들 때는 반드시 자신의 조직 문화에 맞게 변형한다는 점이다. 리스베스 클라우스와 스콧 베이커Scott Baker는『새로운 글로벌 성과 패러다임: 성과 평가 재창조The New Global Performance Paradigm: Reinventing Performance Review』(2015)에서 기업들의 성과 평가 시스템 개선 과정에서 새로운 평가 시스템을 도입했다고 보고한다. 즉, 모든 직원과 함께 OKR 평가 시스템(목표 및 핵심 결과)을 개발하고, 실시간 피드백과 즉각적인 코칭을 중심으로 하는 장점 위주의 시간에 초점을 맞추고 있다.[8]

> 참고: #ZigZagging에는 항상 어려움이 존재한다. 연말 성과 평가를 폐지한 기업들은 전통적인 연간 성과 평가에서 얻어지는 급여 기반 성과급을 책정하는 방법과 씨름하고 있다. 또한 관리자들 간 코칭 기술 격차를 어떻게 해결할 것인가, 어떠한 편견 없는 방식으로 고성과자를 분류할 것인가, 어떠한 성과 지표를 문서화할 것인가 등을 고민하고 있다.

#ZigZagHR — 휴가가 중요하다!

#ZigZagHR: 연차별 유급 휴가 시스템을 사용하는가, 아니면 종업원에게 무제한 휴가를 갖게 하는가?

직원들의 근무 기간에 비례해 제공하는 전통적인 휴가 시스템을 선택하는가? 아니면 보다 혁신적인 무제한 유급 휴가를 선택하는가? 후자와 같은 혁신적인 HR 시스템은 미국 고용 현황에서 빠르게 늘고 있다. 왜냐하면 미국 법률상 직원의 휴가에 대한 보호가 부족하기 때문이다. 유럽에 비해, 미국은 법적 휴가나 휴일이 없다. 미국은 법적 휴가가 없는 유일한 선진 국가다. 미국의 근로자들은 휴가 사용이 어렵고, 매년 미사용 휴가 일수(평균 4.9일)를 반납하는 경우가 많다는 것은 놀라운 일이다. 일부는 사용하지 않은 휴가에 대해 누적하는 시스템을 사용하기도 한다.[9] 한국은 연간 유급 휴가와 유급 휴일의 수가 각각 15일이다. 벨기에는 각각 20일과 10일이고 네덜란드는 20일과 8일이다.[10] 무제한 유급 휴가를 시행하는 데는 찬반 의견이 많지만, 미국의 신생 기업들은 다양한 휴가 혜택으로 밀레니얼 세대들에게 인기가 있다.

#ZigZagHR — 교통체증에 따른 출퇴근 시간을 고려하라

#ZigZagHR: 직원들은 정해진 시간과 장소에서 일해야만 하는가, 아니면 어느 곳에서든 아무 때나 일할 수 있는가?

많은 회사가 집에서 출발해 회사에 도착하는 시간과 쉬는 시간을 제외하고 '9시부터 5시까지'를 사무실에서 일하는 기본 시간으로 정하고 있다. 이는 많은 직원이 러시아워 출퇴근 시간, 대중교통 파업, 또는 극한 상황이나 응급 상황조차 융통성이 거의 없다.

사무실 안에서의 실질적인 참여가 필요한 협업이 점점 더 많아지는 반면, 이러한 협업 시간은 실무적인 일을 하는 집중력을 방해하기도 한다. 개방된 사무실 환경은 더 나은 협업 조건을 만들어주지만 때때로 집중력과 생산성, 그리고 휴식의 부족으로 이어진다.

오늘날 정보통신기술ICT의 발달은 지식 근로자들이 언제 어디서나 일할 수 있게 해준다. 텔레커뮤니팅, 텔레워크, 시간제, 원격근무, 공동근무 공간, 압축근무일, 기타 유연근무제 등 많은 명칭과 변형으로 알려진 유연근무제는 '새로운 근무' 형태를 만들어냈을 뿐만 아니라 현재 많은 글로벌 기업에서 활용되고 있다. 미국 조사기관 글로벌 워크플레이스 애널리틱스Global Workplace Analytics가 2017년에 조사한 원격근무에 대한 통계를 보면, 미국 직원의 절반은 부분적인 원격근무가 가능한 직업을 가지고 있으며, 미국 직원의 20~25%가 원격근무를 어느 정도 하고 있는 것으로 나타났다.[11] 『포춘』1,000대 기업 직원의 50~60%는 업무 시 자신의 원래 사무실 이외 장소에서 근무하고 있다고 하며 이러한 추세에 맞추어 작업 공간 구조가 점점 바뀌고 있다.[12] 재택근무자 혹은 원격근무자들이 가끔 사무실로 와서 사용할 수 있는 핫 데스크를 만들거나 관계사 혹은 다른 회사 직원들과 어울리며 일하는 공동 데스크 형태의 작업 공간이 유행하고 있다. 몇 년 전에는 IBM과 야후 등에서만 실시했으나 지금은 많은 회사에서 사무실이나 공유 공간을 활용해 일하는 형태로 원격근무 정책을 펼치고 있다. 물론 원격근무 환경

을 지원할 수 있는 최첨단 기술을 보유하고 있지만 사무실 출근 정책을 고수하는 회사들도 있다.[13]

닉 판데르 묄런Nick Van Der Meulen(로테르담 경영대학원, 에라스무스 대학, MIT 경영대학원 연구원)은 2016년 박사학위 논문 「거리의 딜레마The Distance Dilemma」에서 유연한 업무 환경이 디지털 작업에서의 성과에 미치는 영향을 조사했다.[14] 그는 유연근무에서 출퇴근 시간과 출퇴근 거리에 대한 딜레마를 '집에서 집중의 기회'와 '사무실에서 협업하지 못하는 손해'의 교환으로 설명했다. 또한 그는 타인과의 물리적 거리감이 개인 근로자, 관리자, 조직에 미치는 영향을 조사했다. 원격근무는 산만함의 감소를 통해 근로자의 집중력을 향상시키지만, 반대로 대면활동을 통한 상호 의존적 협력 작업을 못 하게 할 수 있다.

저자에 따르면, 조직의 관리자들은 원격근무로 인해 직원들에 대한 관찰과 대면 업무성이 낮아지며 통제력이 떨어진다. 이러한 단점을 극복하기 위해서는 다른 형태의 경영 스타일이 필요하다. 즉, 관리자들은 시간을 활용한 업무평가보다는 업무 자체에 초점을 맞추고 결과에 집중해야 한다. 새로운 원격업무에서 성공 요인은 투명성, 커뮤니케이션 능력, 코칭 리더십이다. 또한 원격업무의 개방성과 접근성은 '언제 어디서나' 최신 기술에 의해 지원되어야 한다.

이러한 한계에도 불구하고 유연근무와 원격근무가 현재는

아니더라도 다가올 미래에는 피할 수 없는 형태의 환경이기 때문에 많은 혁신적인 기업이 주시하고 있으며 향후 심각하게 고려되어야 하는 옵션이다. 유연근무와 원격근무를 도입하려면 이를 뒷받침해줄 수 있는 회사의 기업문화와 리더십이 요구된다. 현재 많은 미국 기업은 이미 새로운 방식을 시행하고 있으며, 심지어 네덜란드에서는 입법 절차 개정을 통한 지원을 받고 있지만, 벨기에와 다른 많은 나라에서는 여전히 초기 단계다.

기업들은 새로운 경제, 사회적 현실에 빠르게 적응해야 하는 필요성과, 다른 한편으로는 현재의 조직 문화에 최적화된 업무 환경을 파괴하지 말아야 하는 입장 사이 딜레마에 놓여 있다. 미국에서는 유연근무와 원격근무 여부가 정규 직원, 프리랜서 구분 없이 모든 지식 근로자, 특히 밀레니얼 세대에서 중요한 의사결정 기준이 되고 있다. 유연근무, 원격근무가 팀 내 조직 문화에서 잘 정착하고 소통하려면 새로운 관리 방식이 필요하다.

#ZigZagHR — 돈이 중요해!

#ZigZagHR: 급여 정보는 모두에게 비밀로 해야 하는가, 아니면 투명하게 해야 하는가?

직원들의 급여 정보가 조직의 소수(HR, 재무 담당자, 임원)에게만 공개되어 있는가? 아니면 모두에게 투명하게 공개되어 있는가? 급여의 투명성을 지지하는 사람들은 직원의 급여를 투명하게 하는 정책이 가장 좋은 방법이라고 주장한다. 반면, 이에 반대하는 부류는 경제적 불평등에 따른 피해를 설명하며 임금 투명성이 유발하는 임금 격차와 지속되고 있는 성별, 기타 차별적 임금 형태를 언급한다. 임금 투명성에 대한 논쟁은 발전하는 시장 효율성에 바탕을 두고 있다. 급여에 대한 기밀을 주장하는 사람들은 급여 공개가 가져오는 사기 저하, 생산성 하락, 사생활 침해 등 부정적인 영향을 걱정한다. 다른 사람들보다 적은 급여를 받는다는 사실을 알게 되면 사기가 떨어지고 동기부여가 안 될 수 있으며, 더 나아가 직업 만족도에 영향을 미친다고 주장한다. 사생활 침해에 대한 논쟁 역시 개인 정보를 공개하는 것 이상으로 민감하게 받아들이고 있다. 지식 사회에서 급여와 생산성의 관계는 제조업에 기반을 둔 경제보다 훨씬 더 복잡하고 다양한 변수를 가지고 있기에, 급여 공개는 다양한 관점에서 검토되어야 한다.[15]

　세계경제포럼WEF에 따르면 한국의 성별 임금 격차는 매우 높다. 한국은 직장인 평균 임금과 여성의 임금 차이 부문에서 전체 149개국 중 115위를 차지한다.[16]

　노르웨이와 스웨덴은 임금 투명법을 통과시켜 그 영향을 연구하고 있다. 미국의 임금 투명성은 정부 관련 기관과 공기업 최고경영진C-suite 일자리 외에는 아직 공개되지 않았다. '글래스도어닷컴Glassdoor.com' 같은 웹사이트가 인기 있는 것을 보면 연봉에 대한 투명성 논쟁은 긍정적인 흐름으로 빠르게 바뀌고 있는 것 같다.

그러나 임금 투명성은 시장의 흐름과 자기만족에 의해서가 아니라 회사 내부 직원들의 진정성을 바탕으로 '선택'하는 것이 중요하다. 비록 낮은 임금 수준이 실업률과 부족한 기술에 대한 보상의 한 요소일 뿐이지만, 근로자들에게는 임금 투명성이 점점 더 중요해지고 있다. 회사는 새로운 인재를 얻고 현재 인재를 유지하기 위해 총력을 기울이고 있다. 종업원에게 공평한 급여를 지급하지 않거나 성별, 인종 등에 따라 차등을 두어 지불하는 조직은 더 이상 최고의 인재들에게 매력적인 회사가 될 수 없을 것이다. 이러한 임금 불평등은 고용주 브랜드에도 영향을 미친다. 우리는 이것을 다음 #ZigZagHR 혁신에서 다룰 것이다.

#ZigZagHR ─ 고용주 브랜딩: HR이 마케팅을 만나는 곳!

#ZigZagHR: 당신의 '직원 가치 향상'은 마케팅 작품인가, 아니면 직원들을 위한 진정성 있는 살아 있는 경험인가?

에드 마이클스Ed Michaels, 헬렌 핸드필드존스Helen Handfield-Jones, 베스 액설로드Beth Axelrod는 공저 『인재 전쟁The War for Talent』(2001)에서 고용주 브랜딩 개념을 발표했다. 최고의 인재를 유치, 개발, 보유하기 위해 조직들은 창의적인 HR 업무에 집중해야만 한다. 이는 적절한 고용주 브랜딩과 매력적인 직원의 가치 향상Employee Value Proposition, EVP을 통해 이루어진다. '내가 왜 이 회사에서 일해야 하는가?'에 집중하면서 기업들은 '가장 일하기 좋은 곳'이라는 슬로건으로 최고의 인재를 끌어모은다. 저자들에 따르면, 최고의 역량을 가진 직원들을 얻는 네 가지 기본 브랜드 요소가 있다.[17]

- 승자와 함께하기_ 직원들은 성장과 발전에 가장 관심이 많다.
- 큰 위험, 큰 보상_ 직원들은 승진과 보상을 중시한다.
- 세상을 구하라_ 직원들은 가슴 설레는 임무를 원한다.
- 라이프 스타일_ 직원들은 유연성을 통해 상사와의 좋은 관계를 추구한다.

오늘날 대부분의 고용주는 인재 관리의 필수적인 부분으로 '고용주 브랜딩'과 '직원들의 선택'이라는 표현을 사용한다. 그러나 그 회사가 진짜로 직원들의 가치 향상을 위해 최선을 다하는지 근본적인 의문이 남는다. 그 회사에서 일하는 것이 어떤 의미인지에 대한 설명이 실제 직원 경험에 부합하는가? 다시 말하면 직원들이 그 회사에 입사하는 이유는 그 회사에 머무르는 이유와 같지 않을 수 있다. 그래서 고용주들은 인재들을 끌어들이기 위한 멋진 가치 제안을 할 수도 있지만, 그 경험이 기대에 부응하지 못하기 때문에 인재들을 유지하는 데 어려움을 호소할 수도 있다. 고용주들은 '인재 유치 전쟁'과 '인재 보유 전쟁'을 어떻게 조화롭게 만들어나갈지 생각해야 한다. 우수한 인재 확보와 관련된 활동은 입사 후 인재를 발전시키고 보유하는 능력과 매우 다르다. 이것은 이전 장에서 이미 언급했던 직원 경험의 개념이다.

많은 기업이 직원 경험을 측정하기 위해 이와 유사성 있는 지표인 직원 순추천지수e-NPS를 활용하고 있다. 항공사 고객 경험을 위한 NPS: "친구나 가족에게 KLM을 항공사로 추천하시겠습니까?" HR의 경우, e-NPS: "KLM을 친구나 가족에게 일할 수 있는 장소로 추천하시겠습니까?" 혁신적인 회사는 회사, 부서, 관리자별로 매달 이 점수를 추적한다.[18]

#ZigZagHR — 프로세스 중심에서 직원 중심으로

#ZigZagHR: 직원 경험에 집중하지 않고도 진정한 참여를 얻을 수 있을까?

제이콥 모건은 2017년에 펴낸 『직원 경험』에서 3차 산업혁명 시대의 특징은 고용주와 직원의 관계에 초점을 맞춘다고 설명했다.[19] 직원을 행복하게 만드는 것이 중요하고 직원의 행복을 통해 더 나은 성과와 생산성을 얻을 수 있다는 것이다. 고용주와 직원이 함께 어울려 비즈니스에 참여함으로써 전체 산업이 번창했다.

> 그러나 직원을 고용하고 비즈니스에 관여시키려는 많은 노력에도 불구하고, 전 세계 노동력의 높은 비율이 아직도 실제 비즈니스에 관여하지 않은 상태라는 조사 결과가 있다. 또한 현재 관여하는 많은 직원조차 적당히 관여하고 있다고 한다.

2018년 갤럽 보고서에 따르면 전 세계 직원의 15%, 미국 직원의 33%만이 직장 내에서 비즈니스와 관여도가 높은 업무를 하고 있다.[20] 이와 같은 직원 관여 정책의 실패 속에서, 많은 고용주가 빠르게 다가오는 4차 산업혁명을 맞이해 직원들과 경영진/HR의 다양한 접점을 개선하는 데 주력하고 있다. 많은 회사가 직원 관여에 대한 실시간 피드백을 위해 연간 관여도 조사 대신, 일 단위 또는 주 단위로 정기적인 직원 인터뷰를 실시하고 있다. 정해진 날이나 특정한 때 회사와 직원들 간의 감정을 측정해, 일에 집중하는 데 방해되는 사항을 즉각적으로 개선하고 있다. 물론 여러 가지 해결 과제는 있지만, 직원의 감정에 대한 즉각적인 조사는 연간 관여도 조사에 비해 많은 장점이 있다.

- 시기적절한 피드백_ 지난해와 비교할 때 더 중요해진 사항은 무엇인가?
- 특정 주제에 맞게 수정하거나 강조하는 능력_ 독감, 유행병이나 기타 돌발 사태가 업무에 어떤 영향을 미치는가?
- 핵심 트렌드를 찾아내고 차이점 이해하기_ 부서, 근무 장소, 재직 기간별로 어떠한 문제가 직원에게 영향을 미치는가?
- 즉각적인 방향 수정_ 문제가 커지기 전에 즉각적으로 방향을 조금씩 수정한다.
- 더 애자일한 방식으로 일하기_ 특히 첨단기술 조직이나 애

자일 관리 환경에서 일하는 직원들의 관리 체계 변경이 빠를 수 있어 인적 자원의 이동을 용이하게 한다.

- 리더십 스타일에 대한 적응력과 만일의 사태에 대비한 관리 실행 능력_ 상황에 따라 즉시 리더십 스타일을 조정할 수 있도록 시기적절한 피드백을 리더와 코치에게 제공한다.

그러나 직원의 실시간 감정 측정을 효과적으로 활용하기 위해서는 다음과 같은 사항을 고려해야 한다.

- 문화적 차이_ 다른 환경에 비해 조직의 친밀성과 구조는 직원과 관리자의 관계에 따라 더 큰 영향을 받을 수 있다.
- 부정적 사건의 영향_ 해고 및 열악한 노사관계는 실시간 조사에 더 큰 영향을 미칠 수 있다.
- 실시간 조사 결과_ 서로 다른 지역의 문화적 차이에 의한 결과는 경영상의 결정(예: 자원의 투자, 고용 결정 등)에 어떤 영향을 미치는가?

이러한 감정 측정 결과를 통해 조직은 현재 수준과 향후 개선할 점을 확인할 수 있다. 또한 학습을 통해 새로운 지식을 얻어 직원 경험을 향상시킬 뿐만 아니라 직원의 적극적인 참여를 통해 새로운 인력 관리 프로세스를 설계할 수 있다. 데이비드 그린David

Green과 로라 스티븐스Laura Stevens는 HR에 필요한 인재 분석 역량이 감정 측정 결과를 통해 어떻게 발전될 수 있는지 설명한다. 이러한 지속적인 측정은 단순히 직원의 단면적인 상태를 확인하는 소프트 웨어가 아니라 프로세스 중심에서 직원 중심의 데이터 기반 HR 기 능으로 민첩하게 변화하는 방법이다.[21]

#ZigZagHR — DIBS: 새로운 유행어?

#ZigZagHR: 다양성과 포용성 또는 교차성과 진정성?

인적자원관리학회(2016)에 따르면 다양성은 조직으로 누구 를 채용하는가와 관련되는 사항인 반면, 포용성은 그들이 입사했을 때 어떻게 환영하는가와 관련 있다.[22] 다양성은 인종과 성별(미국 시 민 평등권의 역사적 뿌리와 여성의 사회적 이동)에서 글로벌 문화 다양성 으로 관심이 확대되었다. 그리고 많은 나라에서 이제는 인간의 사 회적 특성과 다름에 대한 특성을 포함한다. 그러나 차별금지법으로 다양한 인력을 선택한다고 해서 모두가 조직 내에서 환영받는 것 은 아니다. 그 점에서 조직이 얼마나 편안하게 받아들이는가에 대 한 포용력이 대두하는 것이다.

다양성과 포용성은 이제 (외부) 고객과 (내부) 직원 모두에게 필수적인 것으로 여겨진다. 그리고 다양성과 포용성이 조직의 브 랜드, 비전과 목적, 성과 측면에서 큰 영향을 미친다는 연구도 많이 발표되고 있다. 일반적으로 포용적인 분위기의 직장에서 다양한 성향을 가진 동료(일부는 다른 성향이고 일부는 비슷한 성향)가 협업할 때, 최고의 성과가 나온다고 여겨진다. 대부분의 직장에서 다양성이 완전히 뿌리내리려면 다소 시간이 걸리겠지만, HR 부서는 현재 조직 내 다양성과 포용성을 높이기 위해 많은 활동과 노력을 하고 있다. 그러나 현실적인 HR 업무에서의 다양성은 여전히 몇 가지 특성만을 기반으로 해서 직원을 분류하는 데 초점을 맞추고 있다. 예를 들면 다음과 같다. 당신은 모로코 출신 무슬림 부모로부터 벨기에에서 태어나 대학 교육을 받은 청년이다, 당신은 전문직 싱글맘이다, 당신은 베이비붐 세대의 노동자 또는 밀레니얼 세대다, 당신은 신체에 문신을 새겼다!

이러한 다양성과 포용성을 높이려는 노력에도 불구하고, 많은 조직은 아직 갈 길이 멀다. 근로자의 다양성 프로파일, 고용 형태의 차이, 직장 내 유리천장 등을 생각해볼 때 직장 내 성별, 인종 등에 따른 급여 및 승진 기회의 차이는 여전히 존재한다. 기업의 많은 관심과 지원에도 불구하고, IT 기업들을 포함한 대다수 회사는 전적으로 인력을 다변화할 수 없었다. 이러한 현실에서 HR이 실질적인 변화를 이끌지 못했다고 얘기할 수도 있다.

그러나 최근에는 다양한 교육과 문화적 환경 속에서 성장한 밀레니얼 세대에 의해 새로운 패러다임이 강하게 대두하고 있다. 어느 집단에 포함된다는 것은 생태학적으로 그 집단의 일부가 되어 집단에서 기대하는 행동 중 일부를 맡아야 한다는 것을 암시한다. '다양한 문화적 배경'을 가진 사람들이 새로운 조직에 들어가더라도 그들의 진정한 모습을 드러내지 않을 수도 있고, 만족하지 않을 수도 있고, 조직에 대한 소속감을 느끼지 않을 수도 있다.

그래서 보다 혁신적인 다양성의 개념이 바로 교차성이다. 교차성이라는 용어는 법률학자 킴벌레 크렌쇼Kimberlé Crenshaw에 의해 1989년 초에 만들어진 것으로, 개인의 다차원적인 정체성이 조직 내 차별이나 특권 같은 시스템과 만나 어떻게 반응하는지를 표현한다. 최근에는 직장에서 여러 가지 응용된 형태를 띤다. 교차성이란 여러 개의 집단 정체성이 서로 교차해 각각의 구성요소 정체성과 다른 새로운 형태를 만들어낸다는 개념이다.[23]

법률과 정책은 보통 한 가지 형태의 구분된 정체성만을 다룬다. '상호작용의 수레바퀴'는 흔히 사용되는 다양한 사회적 정체성의 그래픽적 표현이다. 50가지 다양한 요소(개인적 특성과 사회적 특성의 광범위한 구성)가 하나의 정체성을 이룬다. 이러한 형태를 통해 사람들은 직장에서 자신의 모습을 만든다. 그중 일부는 조직의 다양한 특성에 맞지 않을 수도 있다.[24]

앤드루 솔로몬Andrew Solomon은 2012년에 조사한 『나무에서 멀리 떨어진 곳Far from the Tree』이라는 교차성 연구에서 '수평(또는 독립적 습득)'과 '수직(또는 유전적 상속)' 정체성의 개념을 설명한다. 수평적 정체성의 예로는 청각장애, 왜소증후군, 다운증후군, 자폐증, 정신분열증, 영재, 트랜스젠더 등과 같이 유전적 조상들의 정보와 관련 없는 사람들의 정체성이다.[25] 이러한 사람들이 과연 적격한 과정을 통과해 안정된 급여를 받는 직원이 될 수 있는가? 사람들은 누가 적임인지에 대한 무의식적인 편견과 고정관념이 있기 때문에 '적합'하지 않는 사람들은 면접과 경쟁 과정을 통해 조직에 합류하는 데 어려움을 겪는다. 비록 조직에 필요한 핵심 기술을 가지고 있으며 지식, 기술, 직업 윤리는 충분하지만 사회적 기술이 부족할 수 있는 다양한 정체성을 가진 사람들이 있다.[26] 일반적인 사회적 관념이 허용하기 어려울 정도로 타투를 심하게 한 사람을 어떻게 활용할 것이며, 전통적인 관계 기술들이 부족한 사람을 어떻게 고용할 것인가 등에 대한 내용이다.[27]

> **혁신적인 기업에서는 D&I**Diversity & Inclusion(다양성과 포용력)
> **개념에서 DIBS**Diversity, Inclusion, Belonging, Support(다양성, 포용성, 소속감,
> **지원) 개념으로 변화하고 있다.**

인사 담당자는 다양한 정체성을 가진 사람들을 하나의 조직에서 일하게 하려면 면접 과정을 어떻게 강화할지 고민해야 한다. HR의 관심은 단순한 채용에 그치지 않고 온보딩과 적절한 교육까지 계속되어야 한다. 조직원 모두가 일터에서 진정한 자신의 모습을 보여주고 소외감을 느끼지 않도록 격려한다.

인사 담당자는 미국 대학의 몇 가지 사례를 참고해 선별과

선발에서 형평성, 타당성, 다양성을 높여야 한다. 선별 담당자는 최근 트렌드, 조직이 원하는 부분, 그리고 실전 전략에 대한 교육을 통해 자신의 생각을 프로세스에서 구현하며 타당성과 형평성을 개선하고, 다양성을 확보해 이해상충을 완화해나갈 수 있다.[28]

완벽하지는 않지만, 지난 10년 동안 HR은 다양성과 포용성 측면에서 많은 발전을 이루었다. 밀레니얼 세대의 다양성과 평등한 기회에 더 신경 쓰고 있으며, 투명성을 강조함으로써 배타적 마인드, 차별, 편협함을 배격한다. 기업은 훌륭한 직원을 고용하고 유지하기를 원한다. 경쟁적인 노동환경으로 숙련된 근로자가 부족한 상황에서, 직장에서의 포용력은 비즈니스 성장의 중요한 변수가 되고 있다. 퇴사자가 많은 기업은 조직을 유지하기 어려워 지속적인 성장을 할 수 없다. 10년 전과 비교했을 때, 오늘날의 HR 역할은 '비즈니스의 성장을 위해 할 수 없는 영역'이 아닌 '할 수 있는 영역'의 일이 되었다.

세계 각국의 다양성과 포용성 문제는 미국보다 더 오래된 법적, 문화적 전통을 갖고 있는 나라에서 복잡한 문제로 다가올 수 있다. 중동의 기독교 여성, 유럽의 수단 여성, 또는 중국에서 일하는 흑인 여성이 안정적으로 고용되고 그 안에서 조직원으로서 편안하게 포용될 수 있을까?

#ZigZagHR — 인재 경영은 구식인가?

ZigZagHR: 우리는 '인재를 위한 전쟁'을 하고 있는가, 아니면 '인재 유지를 위한 전쟁'을 하고 있는가?

지난 20년 동안 경제의 활황과 불황이 반복됨에도 불구하고, 회사는 일과 역량에 대한 의지가 높기 때문에 항상 조직에 적합한 인재가 부족하다고 느껴왔다. 미래형 인력 확보를 위한 '전쟁'이 인재 경영의 발전을 이끌었다. 인재 경영에 대한 HR의 전략적인 선택은 인재를 통한 경쟁우위 달성에 맞춰져 있다.

조직에 적합한 인재를 얻기 위한 경쟁이 치열해짐에 따라, HR의 역량은 인재 확보와 온보딩에 집중되었다. 글로벌화와 IT 부문의 성장에 발맞추어 역량 있는 인재를 찾고 유치해야 할 필요성이 증대되고 있다. 그러나 인재를 얻기 위한 노력 및 수고와 동일하게 직원들을 개발하고 관리하는 조직은 아직 극소수에 그치고 있다.

긱이코노미의 등장, 중요해지고 있는 기업가 정신, 약해지고 있는 고용주와 직원의 사회적 계약, 그리고 기성세대 대비 훨씬 더 오래 일해야 할지도 모르는 새로운 세대가 갖는 노동과 생활의 공존 등의 변수에 따라, 현재 인재를 위한 전쟁은 변화를 맞이하고 있다. 예를 들면, 기존 인재 관리의 약점을 파고들어 A사가 B사의 일류 사원을 채용하고 B사는 A사의 일류 사원을 채용하는 형태를 띤다. 이제 전쟁의 핵심은 어떻게 하면 조직 내에서 역량 있는 인재에게 매력적인 경험을 제공함으로써 직원들을 조직에 참여시키고 유지하는가에 관한 것이다.

#ZigZagHR — 명령과 통제에서 신뢰 기반의 문화를 향해

#ZigZagHR: 일상 업무에서 '신뢰-그러나-검증' 또는 '신뢰-그리고-자율' 접근법 중 어느 것을 사용할 것인가?

HR은 직원들의 개인 정보에 대해 공개, 게시, 유지의 책임이 있으며 고용 계약, 다양한 복리후생, 인력 운영 계획 및 공시와 같은 법령을 준수하는 책임을 지고 있다. 그 결과, 직원 핸드북, 직무 설명, HR 정책과 절차, 작업장 안전 매뉴얼, 규정 준수 포스터 등과 같은 다양한 도구를 만들어 규제 대응을 하도록 한다. HR이 요청하는 법적 준수 사항을 고용주가 무시하는 일은 거의 없다. 그러나 복잡하게 변화하는 상황에서 직업에 대한 법적 규제가 다양해지고, 근로자들의 권리와 권한에 대한 열망이 높아짐에 따라 HR에게 요구되는 법적 사항 준수는 점점 더 도전적인 상황이 되고 있다. 따라서 HR의 법적 사항에 대한 대응은 더 철저히 준비되고 있다. 때로 HR이 법적 사항 준수에 대한 괴물처럼 보이는 이유는 이러한 법적 사항에 대한 두려움, 융통성 부족, 그리고 직원들에 대한 철저한 통제 때문인 것이다.

혁신적인 많은 기업에서는 기업문화가 '신뢰와 검증(일부 신뢰할 수 없는 사항에 대한 검증)'에서 '믿고 맡겨달라(직원들이 옳은 일을 할 것이라고 가정)'로 바뀜에 따라 통제에서 벗어나 인간적 신뢰를 지향하는 형태로 옮겨가고 있다. HR에서 신경 쓰는 규정에 관한 사규 집은 서서히 함께 일하는 사람들에게 어떻게 대할 것인지와 조직이 기대하는 것에 대한 선언문으로 대체되고 있다.

난 러셀스Nan S. Russells는 직장에서 고민하고 있는 '#ZigZag 통제 vs 자율'의 딜레마에 대한 답으로써 신뢰를 얘기한다. "결과가 관계보다 중요하다면 신뢰-검증 시스템을 선택하고, 결과보다 관계가 더 중요하다면 자율을 선택하십시오."[29] 위의 딜레마에 대한 선택은 조직 문화나 리더십 스타일에만 영향을 받는 것이 아니다. 더글러스 맥그리거Douglas McGregor의 동기 이론을 참고하면 직원들의 성향에 따라 선택해야 한다고 하는데, "X 이론—신뢰가 없고 야망이 없는 직원들에게는 업무를 강요하고 통제해야 한다", 또는 "Y 이론—일과 삶의 균형과 변화 관리 능력이 있는 직원들은 스스로 소중한 가치를 만들고 싶어 한다"로 딜레마에 대한 답을 제시한다.[30] 또한 통제 vs 자율의 선택은 일의 성격과 조직의 구조에 따라서도 변한다. 규제가 심한 업종이나 리스크가 높거나 안전사항 및 보안 이슈가 있는 경우에는 신뢰도가 높다고 하더라도 반드시 검증해야 한다. 그렇지만 검증하기 전에 먼저 신뢰를 쌓으며 서로가 신뢰할 수 있는 관계를 구축하는 것이 중요하다.[31]

혁신적인 조직의 HR은 더 이상 치안 유지 형태의 역할을 맡지 않는다. 이제 HR의 역할은 직원들의 업무와 행동을 감시하는 통제보다는 신뢰와 자율을 통한 활동 위주로 옮겨갈 것이다.

> HR은 여전히 법적 규정 준수에 대한 역할을 맡고 있어 통제 기능을 버릴 수 없다! #ZigZagHR의 도전은 혁신적인 신뢰를 바탕으로 기존의 전통적인 방법으로 통제받는 직원들과 좋은 노사관계를 만드는 것이다. 오늘날 HR에서 가장 중요한 것은 지그재깅이다!

HR은 진정한 자율성을 통해 조직의 신뢰, 팀워크, 리더십을 원하는 방향으로 끌고 갈 수 있으며 이와 동시에 법적인 사항을 준수함으로써 균형점을 찾을 수 있는가?

#ZigZagHR — HR 가치를 측정하는 방법

#ZigZagHR: HR의 전통적 감사 시스템 또는 파괴적 감사 시스템?

HR 조직의 전통적인 모범 사례는 정기적인 HR 감사를 통해 HR 업무 결과에 대한 객관적인 피드백을 받는 것이다. 그러나 현재와 같이 빠르게 변화하는 트렌드 속에서, 정통적인 HR 감사 시스템을 이대로 진행해도 되는지, 아니면 획기적인 변화를 위한 파괴적인 감사 시스템이 필요한지는 의문이다.

HR 감사는 조직의 HR 정책, 절차 및 전략을 객관적으로 검토해 HR의 업무가 합법적으로 적절하게 진행되었으며 효율적인 결과를 얻었는지 평가하는 것이다. HR 감사의 목적은 조직의 근간 시스템을 유지하며, 모범 사례를 통해 개선에 대한 기회를 극대화하는 것이다. HR 감사는 조직의 효율성과 운영상 최적화를 위해 시스템을 유지 및 개선하는 방법이지만, 시스템 전문가에 의해 통제되고 유지되는 경향이 있다.

피터 흰슨의 저서『모레』(2017)에서 그는 일명 '파괴적 감사'의 아이디어를 제안한다. 혁신에 대한 열정과 다양한 지식 백그라운드를 가진 멀티 팀들이 기존 시스템 범주에서 벗어나 사물을 꿰뚫어 보는 질문과 360도 관찰을 통해 다양한 각도와 관점에서 평가하는 방법이다.[32] HR 프로세스 관점에서 직원과 조직의 활동을 평가하기보다는 조직의 목적에 부합하는 최종 고객의 관점에서 평가해야 한다.

#ZigZagHR
의사결정

HR의 결정이 운영상 좋은 결과로 이어졌는지 어떻게 알 수 있는가? 우리 조직에는 어떠한 형태의 혁신이 적합한지, 그리고 혁신적 업무들이 어떠한 결과를 얻을지 알 수 있는가? HR 리더로서 직원들의 요구와 기대에 부합하고 있는가, 아니면 HR의 프로세스와 비즈니스 요구에 더 관심을 두고 있는가? 우리는 오늘을 위한 단기적인 결정을 내리는가, 아니면 미래를 위한 지속 가능한 선택을 하는가?

우리가 관찰한 #ZigZagHR 업무의 특성을 살펴보자.

전략적으로 비즈니스와 협력하라: #비즈니스 감각

HR이 비즈니스 팀과 전략적 파트너가 되는 좋은 방법 중 하나는 나에게 유익하든 아니든 상관하지 말고 비즈니스를 이해하는 것이다.

데니 롱Denny Long은 『천재 경영Managing Genius』(2015)에서 진정한 비즈니스 목적과 성공적인 직원 관리를 위해 재능 있는 사람들과 일하는 관리자의 경험이 얼마나 중요한지 설명한다. 그는 현재의 비즈니스를 이해하기 쉽도록 HR 부서에 요구되는 여덟 가지 지식 영역을 설명한다.[33]

- 조직도
- 고성과자
- 고객
- 비즈니스 상용어
- 작동 원리
- 공급망
- 사업비
- 기술

HR은 임원 및 경영진과의 전략적 커뮤니케이션을 통해 미래 조직을 위해 HR이 구상하고 있는 구체적인 HR 전략, 우선순위, 운영 계획을 조율한다. 이에 따라 HR은 재정적인 이해도를 바탕으로 효과적인 운영 계획과 우선순위를 가지고 비즈니스와 같이 호흡한다. 이러한 HR의 비즈니스 감각은 기존의 HR 고유의 지식 영역보다 미래 조직의 목표 달성에 도움이 되며 더 넓고 지속적인 관점에서 인력을 구성하고 인력을 개발 및 육성한다.

HR에 기술을 접목하라: 그것을 위한 앱이 있다

일상의 다양한 HR 업무를 위해 많은 소프트웨어 애플리케이션이 개발되었다. 이러한 앱은 직원들의 업무 효율성을 향상시키며 학습을 위한 지식 콘텐츠를 제공한다. 실시간 접속을 통해 주변 데이터를 수집하고 직원 경험이 긍정적 영향을 줄 수 있는 피드백, 코칭, 팀워크, 커뮤니케이션을 편리하게 한다.

간단한 프로세스 자동화에서부터 인공지능에 이르기까지 많은 도구가 HR 업무에서 사용되고 있다. 지원 후보 검색, 이력서 분석, 지원자 추적, 인터뷰, 안내 및 채팅봇을 활용한 Q&A 등 많은 일상적인 HR 업무가 자동화되고 있으며 직원들이 더 잘 이해할 수 있게 데이터화하고 HR 의사결정에서 무의식적인 편견을 피할 수 있도록 한다.[34]

자동화와 인공지능 기술의 발전에 따라 사람의 가치는 조직 문화에 잘 적응해 다양한 사람과 좋은 관계에서 일하는 능력으로 평가되고 있다. HR 업무의 조연 역할은 이제 끝났다. HR은 직원 경험의 설계자가 되어야 한다.

HR은 지속 가능한 성공을 위해 세 가지 핵심에 집중하라

HR의 역할은 직원들이 최고의 업무를 할 수 있는 환경을 만들며, 조직의 활동 접점에서 직원들이 자연스럽고 완벽하게 경험할 수 있도록 하는 것이다. HR은 고객, 비즈니스, 인력이라는 세 가지 핵심 가치 안에서 이들의 서로 다른 요구와 경험에 균형을 맞춰야 한다. 이 같은 균형점이 바로 일하기 좋은 최적의 장소다. 즉, 직원에게 좋은 것이 회사와 고객에게도 좋은 것이다.

HR은 세 가지 핵심 가치에
집중해야 한다.
고객, 비즈니스, 인력에 대한
서로 다른 요구와
경험에 균형을 맞춰야 한다.

기업의 사회적 역할을 생각하라

그동안 노조는 사회문제에서 조합원들의 생계 유지에 집중하고, 기업은 세금 인하와 규제 완화 등 본인의 사리사욕을 채우기 위한 로비에 집중해왔다. 사회는 이제 성희롱, 트랜스젠더, 동성애자 권리, 의료, 이민, 인종차별, 정신건강, 기본소득 등 노동자에게 영향을 미치는 사회문제를 해결하는 데 고용주가 더 큰 역할을 할 것으로 보고 있다. HR 혼자 이 모든 문제를 해결할 수는 없지만, HR은 회사가 이러한 사회적 논쟁에서 더 큰 역할을 하도록 장려해야 한다.

미국의 직장 내 IT 분야에서 발생한 여성의 성희롱과 관련한 두 가지 사례가 있다. 미국에서는 폭발적으로 증가하는 성희롱 사례에 대한 HR 정책에 많은 불만을 나타내고 있지만 여전히 조직 내에서 많은 성희롱 사례가 발생하고 있다. 법원에서 재정한 IT 기업들의 의무적 여성 인원 이사회 편입 쿼터제 법령에도 불구하고, 많은 IT 기업에서는 여전히 이사회 여성 인원 비율이 낮은 편이다.

'HR의 성희롱에 대한 역할'을 떠올릴 때마다 생각나는 기업이 바로 우버다. 우버의 근무 환경은 성희롱과 위법 행위에 노출되어 있다. HR은 이러한 관행이 지속되는 데 큰 책임이 있다. HR의 미흡한 대책과 용기 부족은 재능 있는 창업 CEO의 실직과 회사의 가치 하락을 초래했다. 미국 실리콘밸리에 있는 혁신적인 신생 기업의 경우, 회사 분위기는 역동적이고 혁신적이지만 조직 문화 차원에서 HR 역할은 매우 초라한 것으로 나타났다.

이처럼 부적절한 조직 문화를 HR의 권한으로 용납할 수 있는가? 비즈니스 파트너의 역할이 조직의 목표나 수익을 위해 잘못된 관행을 묵인하는 것을 의미해서는 안 된다.

#ZigZagHR 운영의 관점은 이제 분명하다. HR을 한 번에 한 단계씩 변경하면 전체 직원 경험이 작은 부분부터 근본적인 개선까지 다양한 변화가 이어진다

#ZigZagHR 혁신을 선도하라

• 전략적으로 비즈니스와 협력하라.
• HR에 기술을 접목하라.
• 지속 가능한 성공을 위해 HR 세 가지 핵심에 집중하라.
• 기업의 사회적 역할을 생각하라.

전통적인 기업들은 유형적 자산에 의존하고 무형적 자산(급여, 이익, 성장, 생산성 지표)을 중요하게 생각하지 않는 경향이 있다. 그러나 혁신적인 기업들은 무형의 자산에 집중하고 주요 생산 수단으로 인재, 데이터, 컴퓨터 역량을 활용한다.

#ZigZagHR 결정을 확인하면서 자신에게 다음 질문을 해보라.[35]

• 결정이 윤리적으로 적합한가?

• 그 결정이 직원에게 정당한가?

• 환경적 관점에서 그 결정은 친환경적인가?

• 의사결정 과정이 투명하고 검토 과정이 개방적인가?

• 결정이 장기적으로 지속 가능한가?

그리고, 당신부터 시작하자!

요약

#ZigZagHR 운영에서는 법적 사항 준수를 위한 통제 중심의 HR 업무에서 벗어나 직원 중심적이고 신뢰에 기반을 둔 혁신적인 HR 활동으로 발전하고 있는 HR 활동들을 소개했다. HR 운영은 단순한 기능적 활용에 한정되지 않고, IT, e-HRMelectronic Human Resource Management 애플리케이션 같은 도구를 활용하는 영역으로 확대되어야 한다. HR은 직원의 관점에서, 다양한 직원 이해관계자의 요구를 균형 있게 조정하며 고객과 비즈니스의 요구사항 사이에서 세 가지 핵심 가치를 만족시키는 최적의 방법을 찾아야 한다.

사람은
섬이
아니다

제7장

#ZigZagHR 시스템

이전 장에서 설명한 HR의 역할은 새로운 HR 전성기를 예고한다. 변화에서 살아남기 위해 HR은 기존 HR 방식과 혁신적인 HR 방식 사이에서 보다 혁신적이고, 창조적이며, 민첩하고, 투명하며, 전략적으로 지그재그해야 한다. 우리 회사의 현실과 동떨어진 SNS, 최신 유행, 책, 블로그, 포스트를 어떻게 접목할 것인가? 기존 업무 관행을 무시해서는 안 된다! #ZigZagHR은 흰 도화지에서 다시 시작하는 것이 아니다. #ZigZagHR은 우리 자신을 새롭게 혁신해 전략적으로 기존과 혁신 사이를 지그재그하고, 현실적인 맥락에서 비제이 고빈다라잔과 크리스 트림블의 혁신적인 '3박스 모델'을 사용해 HR에 적용하는 것이다. 비전은 과감할 수 있지만, 그 비전을 향한 단계는 현실에서 다루기 쉬워야 한다. 또한 HR은 조직 밖에서 일어나는 일들에 귀 기울여야 하며 그 배경과 조직 내 이해관계자들에게 미칠 영향을 검토하는 것이 중요하다. 이 장에서는 혁신의 중요성과 이와 관련된 '3박스 모델'을 자세히 살펴보고 이 모델을 HR 업무에 어떻게 적용할 수 있는지 설명한다. 또한 HR 리더들에게 #ZigZagHR 에코시스템에 참여하고, 모든 이해관계자에게 혜택을 주고, 단일 이해관계자가 혼자 실현할 수 없는 솔루션을 함께 개발할 것을 요청한다.

혁신이
핵심이다!

　#ZigZagHR의 본질은 혁신에 대한 요구다. 이러한 작은 혁신들을 통해 기존의 HR 서비스를 최적화하고, HR 업무를 보다 효율적이고 효과적으로 발전시켜 조직에 긍정적인 영향을 주며, 사용자에게 편의를 제공하는 것을 목표로 해야 한다. 물론 이해관계자들에게 현재 문제를 명확히 알리고 새로운 가치를 위한 급진적인 혁신 방법을 제안할 수 있어야 한다. 페터르 힌센은 저서『모레』에서 혁신적인 마인드를 위한 투자로서 새로운 관심, 시간, 자원, 인재, 에너지에 초점을 맞추는 모델을 제안한다. 힌센에 따르면, 혁신적 사고를 위해 평소 시간의 70%는 오늘에, 20%는 내일에, 10%는 모레에 투자해야 한다고 강조한다.[1] 또한 장기적인 관점에서 볼 때 조직의 새로운 가치 창출은 중요한 부분이기 때문에 모레를 위해 투자하는 것이 중요하다고 한다. 그러나 녹녹지 않은 경쟁적 현실에서, 미래에 투자할 충분한 여가시간, 자원, 인재 또는 에너지를 가지고 있는 조직은 많지 않다. 현실적인 HR 업무에서도 마찬가지다.

　제2차 세계대전 이전 대부분 기업의 지배적인 패러다임은 폐쇄적인 혁신이었다. 즉, 혁신은 빈틈없이 비밀로 지켜졌고 외부에는 이러한 정보가 알려지지 않았다. 이러한 현상의 원인은 바로 조직 내부에서 개발된 혁신만이 인정되고 신뢰할 수 있는 것으로 여겨지는 NIH 증후군 때문이다.

> **오늘날 혁신적인 기업들은 위대하고 성공적인 지식 대부분이 조직 외부에 있다는 것을 알았다.**

오픈 이노베이션 시스템에서 신규 제품과 서비스의 개발은 R&D, 마케팅 부서와 관계없이 조직 내부와 외부의 정보가 결합된다. UC 버클리 오픈 이노베이션 센터의 교수 겸 전무인 헨리 체스브로Henry Chesbrough에 의해 전파된 오픈 이노베이션은 사용자 혁신과 관련이 있다. IBM과 P&G 같은 회사는 초기에 오픈 이노베이션 시스템을 채택했다.[2]

혁신을 위해
에코시스템 구축하기

회사를 운영하다 보면 예기치 못한 외부의 변화 때문에 어려움을 겪고 다양한 외부의 도전에 혼란을 겪기도 한다. 보통의 경우, 평소에는 자신의 업무에 집중하면서 마음속으로만 새로운 방식의 진정한 혁신을 바란다. 현재 업무만으로는 실패가 예견되는 것을 알면서도 변화에 대한 바람만 가지고 있을 뿐이다. 대부분의 고용주는 새로운 혁신을 위해 성공적인 변화 관리 경력을 가진 대기업 혹은 스타트업 직원들을 채용해 벤처 자본가처럼 권한과 책임을 주고 맡긴다. 심지어 혁신위원회까지 설립하기도 한다. 그러나 조직은 머리, 몸통, 꼬리를 가진 거대한 동물 형태로 움직이기 때문에 이러한 방식은 거의 성공하지 못한다.

왜냐하면 많은 조직이 폐쇄적인 메커니즘으로 운영되기 때문이다. 직원들이 외부로 나가서 점심식사를 하거나 업무회의를 하는 경우가 점점 더 줄어든다. 대신 회사 내부에서 식사하거나 사내교육까지 실시하는 것이 더 실용적이며 효과적이다. 예산적인 관점에서 보면 이해할 수 있다. 그러나 이런 방법은 이해관계자의 네트워크가 직장 내에서 일하는 동료들로 한정된다는 것을 의미한다. 또한 현재의 지식을 공유하고 새로운 지식을 얻는 곳이 오직 조직 내부에 한정되며 외부의 새로운 지식이나 정보가 회사 내로 거의 들어오지 않는다는 것을 의미한다. 이런 현상은 근로자들의 개인적인 네트워크에도 좋지 않다. 왜냐하면 직원들이 다른 정보를 찾을 때 의지할 사회적 네트워크를 잃기 때문이다. 폐쇄적인 조직은 외부의 변화에 반응이 느리고 민첩하지 못하다.

> **회사 외부의 환경은 끊임없이 발전하고 변화하는데, 폐쇄적인 기업의 DNA는 변하지 않고 같은 방식으로 동일한 문제에 계속해서 더 많은 노력과 적은 인력으로 접근한다. 물론 헛수고다!**

잭 웰치는 "조직 외부의 변화가 조직 내부의 변화보다 강하면 그 조직은 점점 더 어려워질 수 있다"라고 말한 적이 있다. 좀 과장된 표현 같지만, 잭 웰치의 주장이 옳을 수도 있다. 과연 그렇지 않을 수 있을까?

조직 생태계는 경계와 한계가 없다. 조직은 항상 적응하고, 움직이고, 성장해야 한다. 그리고 새로운 지식과 정보를 흡수하고, 이에 반응해 스스로 변화해야 한다. 조직 생태계는 조직 내 모든 구성원의 상호작용을 통해 부가가치를 창출한다. 주로 신생 스타트업 기업들이 이러한 생태계 마인드를 가지고 있다.

사람은
섬이 아니다

생태계의 개념은 1935년 영국의 식물학자 아서 탠슬리Arthur Tansley가 처음으로 소개했고, 이후 미국의 생태학자 유진 오덤Eugene Odum에 의해 발전되었다. 조직 생태계는 서로에게 영향을 미치는 두 개 이상의 생물학적 공동체로 구성되어 있다.[3] 생태계는 자신의 환경과 상호작용하는 유기적인 공동체로 볼 수 있으며, 생태계 안의 자원을 개발하고 공유함으로써 환경에 적응한다. 아서와 유진 모두 자신의 연구와 #ZigZagHR의 이슈를 서로 연결시키지 않았지만, 자연의 생태계와 조직의 생태계 사이에는 많은 유사성이 있다.

생태계의 대표적인 특징은 복원력과 자기 치유 능력이다. 생태계 안의 공동체와 그들의 상호작용이 더 다양할수록, 자연의 회복력은 더 강해진다. 이러한 현상은 조직의 HR에도 같이 적용된다. 자연의 생태계가 심하게 파괴되면 회복할 수 없는 것과 같이, 조직 내 개인, 팀, HR의 회복력도 한계를 가지고 있다.

우리는 자연에서 많은 것을 배울 수 있다. 자연은 어려운 문제들에 대해 해결책을 만들어내는 데 수백만 년 걸렸다. 이러한 생체모방학은 자연의 원리, 시스템, 프로세스 및 요소를 비즈니스 라이프Business Life에 적용하는 학문을 일컫는다. 동일한 관행이 대부분의 기술 혁신에도 적용된다. 이처럼 자연에서 얻은 해결책들은 지속적으로 적용 가능한 장점이 있다.

　　자연에서 얻은 해결책은 건축, 기계 설계, 생화학, 기계, 자동차의 디자인에 적용된다.⁴ 예를 들어, 옷이나 가방의 찍찍이로 잘 알려져 있는 '벨크로Velcro'는 우엉 식물에서 영감을 얻었다. 벨크로는 스위스의 기술자 조르주 드 메스트랄Georges de Mestral의 발명품이다. 그는 우엉 씨가 개의 털에 잘 붙어 있는 사실에 착안해서 현미경으로 우엉 씨와 개의 털을 관찰했다. 그리고 우엉 씨의 작은 갈고리 끝의 형태를 발견했고, 이를 통해 벨크로를 발명했다. 앞으로 점점 더 복잡하게 얽히는 HR의 업무에 대한 해결책으로 생태계의 시스템을 응용해서 사용할 수 있다.

비즈니스 생태계:
전통적 사일로를 넘어

제임스 무어James F. Moore는 1993년 『하버드 비즈니스 리뷰』에 발표한 「포식자와 먹이: 경쟁의 새로운 생태계Predators and Prey: A New Ecology if Competition」에서 처음으로 비즈니스 생태계 개념을 소개했다.[5] 이후 1996년 『경쟁의 종말The Death of Competition: Leadership And Strategy In The Age Of Business Ecosystems』에서 이를 확장해서 설명했다.[6] 성공적인 기업은 변화에 빠르고 효과적으로 대응한다. 그러나 외부와 차단된 상태에서는 진화할 수 없다. 마치 자연의 생태계가 극한의 기후 조건으로 인해 파괴되듯이, 조직도 비즈니스 외부 환경의 급격한 변화로 인해 소멸될 수 있다.

■ 전략적으로 조직(및 HR)은 프로세스와 절차에 맞추어 변화해야 한다.

조직 내에서 HR과 다른 부서의 비즈니스 활동은 서로의 목적에 맞게 조정을 거쳐 최적화되어야 한다. 조직 내에서 부서 간 활동은 변화하는 외부 환경 변화에 맞춰 조정되어야 한다. 조직이 살아남기 위해서는 자연 생태계에서와 마찬가지로 기존의 업종, 산업계를 뛰어넘는 네트워크와 생태계로 진화해야 한다. 혁신적 조직들은 각자의 영역을 뛰어넘어 새로운 생태계로 연결하는 데 능숙하다. 이것은 자신의 영역을 개방하고 동시에 다른 조직을 받아들이는 것을 의미한다.

경계에는 다섯 가지 종류가 있다. 수직 경계(계층), 수평 경계(기능과 전문지식), 이해관계자 경계(외부 행위자), 인구통계학적 경계(성인, 민족, 국적), 지리적 경계가 그것이다. 복잡하게 얽혀 있는 문제를 해결하기 위해서는 이러한 경계를 넘어 관계를 구축하고 지식을 공유해야 한다.[7]

> #자신의 조직, 회사, 산업계의 고전적 경계를 넘어서는 사람들은 이해관계자들의 복잡한 문제를 혁신적으로 개선하는 생태계에서 단결한다.

나만의 시스템에서
환경 시스템으로

조직의 경쟁우위에서 생태계는 어디서든 중심적 역할을 할 수 있다. 혁신적인 조직은 시스템 안에서 모든 이해관계자와 고객을 위해 새로운 가치를 창출한다. 협력 업체와의 제휴나 고정적 계약 같은 형식과 달리 생태계는 변화무쌍하며 유동적이면서 서로가 유기적으로 움직인다. 생태계의 목적은 모든 구성원이 성장하고 성공하는 것이다.

협력, 파트너십, 네트워크, 생태계라는 단어의 개념은 전혀 새로운 형태가 아니지만, 그 중요성은 점점 커지고 있다. 이것이 우리가 #ZigZagHR 시스템의 사고방식을 말할 때 의미하는 것이다.

새로운 가치는 내부에 있는 것이 아니라, 네트워크 끝에 있다

대표적인 생태계 마인드는 '어떤 조직도 스스로 존재할 수는 있지만 더 넓은 생태계의 일부이기 때문에 자기 조직 이외 다른 조직과의 협력 속에서 발전하고 성장한다'는 확신이다.

때때로 숨을 못 쉴 정도로 조직 안에 갇혀 있어 새로운 혁신을 할 수 없다고 판단되는가? 첫 번째 중요한 단계는 경계를 넘어 조직 외부의 정보를 조직 안으로 들여오는 것이다. 이러한 사고방식에 익숙해지면, 당신은 개인적으로 성장할 것이고, 당신의 성장에 따라 조직도 성장할 것이다.

#생태계 마인드를 가진 조직들은 자신의 영역에서 다른 조직의 이해관계자들과 좋은 관계를 구축하고 유지하는 것을 중요시한다. 이는 지속적으로 다른 사람들과 교류한다는 것을 의미하며, 이러한 교류는 단지 CEO나 경영진에게만 국한되지 않고, 조직의 모든 직원에게 적용된다. 누구나 조직 외부의 정보를 찾아서 조직 안으로 들여올 수 있다.

존 제러시John Geraci는 『하버드 비즈니스 리뷰』에 발표한 「생태계 사고방식이 사람과 조직을 성공하도록 돕는 방법How an Ecosystem Mindset Can Help People and Organizations Succeed」이라는 글에서 폐쇄적인 사고방식의 개인이나 기업이 개방적인 생태계 사고방식으로 진화할 수 있는 방법을 설명한다.[8] 개방적 생태계 사고방식을 위해 막대한 예산을 쓸 필요는 없다.

개방적 생태계 사고방식을 위해 필요한 사항은 다음과 같다.

- 많이 연락하라_ '외부에서 진행'하는 이벤트를 기획하고 가능한 한 많은 이해관계자를 참석시켜라.
- 새로운 채널을 만들어라_ 당장 구체적인 비즈니스 거래로 이어지지 않더라도 협력할 의향을 가지고 다양한 활동을 기획하고 실행하라.
- 협력하라_ 전혀 다른 배경을 가진 사람들과 협력하라.

그것이 바로 #ZigZagHR에 대해 우리가 생각하는 것이다.

생태계라는 개념은 분명 새로운 것이 아니지만 그 중요성이 점점 커지고 있다.

#ZigZagHR
시스템

우리는 글로벌 #ZigZagHR 시스템을 만들려는 야망이 있다. 다양한 국가의 혁신적인 HR 전문가와 비전문가들로 이루어진 이 질적이면서도 역동적인 커뮤니티를 꿈꾼다. 그러한 공동체는 트렌드가 변화함에 따라 진화하며 새로운 환경의 도전 속에서 변화하고 대응한다.

#ZigZagHR 시스템의 이해관계자는 목적과 선호도에 따라 구성원의 배경, 분야, 활동 및 레벨이 매우 다양하다. #ZigZagHR 시스템 내에서 다양한 이해관계자가 새로운 아이디어, 실패 사례, 서비스를 공유하고, 혼자 일해서는 얻을 수 없는 시너지 효과를 통해 혁신적인 제품과 솔루션을 만드는 것이 우리의 비전이다.

오늘날 HR 조직은 마치 슈퍼맨처럼 주위의 많은 기대를 받고 있다. 이와 함께, HR 실무자는 어려운 업무 환경에서 힘들게 일하고 있다.[9] HR은 내부적으로 많은 어려움을 겪는다. 여기서 어려운 내부 환경이란 대부분 까다로운 고용주와 관리자들이 개인적인 이익(권력, 돈, 명성 또는 특별한 지위)을 위해 비윤리적이면서 불법적인 방법으로 직원을 다루고 자신의 사리사욕에만 관심을 갖는 환경을 뜻한다. 이러한 환경에서 대부분 직원은 서로에게 공격적이며 고용주와의 심리적 관계로 난처한 상황을 경험한다. 미국에서는 직장인 괴롭힘에 대한 문제가 점점 더 언론의 주목을 받고 있다. 대부분의 조직원은 HR이 중간에서 해결해주기를 바란다. 비록 HR이 모든 사항의 중심에 있긴 하지만 발생하는 모든 일을 해결할 수는 없다.

등산을 하기 위해서는 한 걸음 한 걸음 차근차근 올라야만 한다. 우리는 이러한 과정을 악명 높은 3주간의 자전거 경주인 투르 드 프랑스에 비유하곤 한다. 그 투어는 21개 구간을 3주간에 걸쳐 통과하는 도로 경주다. 어떤 사이클 선수도 이 모든 거리를 혼자서 다 탈 수는 없다!

■ 우리는 차근차근 등산해야 한다는 메시지를 HR에게 꼭 알려주고 싶다.

이 책은 글로벌 #ZigZagHR 시스템을 활용해 완성하는 시작점이다. 미국과 영국 같은 앵글로색슨 국가에서 주도하는 커뮤니티가 아니라 전 세계 다양한 국가에서 주도하는 커뮤니티다.

이 책은 또한 진행 중인 작업이다. 우리가 책의 한 장을 끝낼 때마다 그 내용은 이미 오래된 것처럼 보일 것이다. 관련된 새로운 모범 사례에 대해 듣고 읽으면, 각각의 해결책은 또 다른 질문을 낳는다. HR 관련 경영 서적은 HR 전문가와 비전문가로 구성된 독자들의 미래 지향적인 피드백을 통해 새로운 통찰을 가진 부록을 다음 판에 추가해야 한다.

우리는 또한 일에서 생태계 사고방식의 원리를 적용하고, #ZigZagHR 극기 훈련소Bootcamps, #ZigZagHR 사파리 학습Learning Safaris, #ZigZagHR 워크숍Workshop과 #ZigZagHR 영감Inspiration 세션을 통해 다양한 사람들을 대면해 불러 모을 것이다.

혁신과 페터르 힌센으로
돌아가기

페터르 힌센의 '모레' 모델은 단순하며 일관된다. 오늘날 급변하는 환경에서 살아남기 위해서는 새로운 혁신 활동과 기존 활동의 최적화라는 두 가지 과제를 동시에 만족시켜야 한다. 조직은 오늘 당장 생존할 수 있게 효율적이어야 하고 동시에 내일, 모레 계속 존재하기 위해 혁신적이어야 한다.[10] 조직의 성공적인 성장을 위해서는 양손잡이 조직이 되어야 한다.

'양손잡이'는 'Ambos'에서 유래했는데, 이는 '양쪽'과 '오른쪽'을 의미한다. 양손잡이는 두 개의 오른손을 가진다는 의미다. 이를 조직에 적용하면 두 개의 다른 활동, 즉 최적화 vs 혁신, 단기적 vs 장기적, 효율성 vs 창의성에 능하다는 뜻이다. 양손잡이는 서로 다른 분야 사이에서 올바른 균형을 찾으면서도 서로 다른 구조, 프로세스, 문화를 만족하는 활동을 동시에 진행하고 관리함을 뜻한다. 일상적인 업무 진행을 위해 시간과 노력을 다하는 동시에 혁신적인 업무에도 충분한 시간과 자원을 투자해야 한다는 의미다. 일반적인 회사의 HR 조직에서는 실행하기 어려운 운영 방법이다.

양손잡이를
넘어서

대부분의 조직이 양손잡이 조직에 대해 알고 있다. 그러나 실제로는 소수의 조직만 실행에 성공한다. 페터르 힌센 모델은 양손잡이 조직에 대해 간단하게 실행할 수 있게 도와준다. 왜냐하면 양면성에 대한 생각은 조직 관리에서 경쟁우위를 확보해야 하기 때문이다.

우리는 비용(운영적 우수성, 개발 능력), 개별 맞춤(고객 친밀도, 가치 및 혁신) 또는 품질(기술과 제품 리더십)을 위해 경쟁한다. 또한 이와 같은 활동은 시간, 비용, 사람의 측면을 고려해야 한다.

양손잡이 조직은 프로세스를 최적화하는 동시에 혁신적 프로세스를 채택할 수 있는 관리자가 필요하다. 양손잡이 조직은 다양한 구조, 문화, 고용 환경의 직원들을 총체적으로 만족시키는 경영 방식을 요구한다. 양손잡이 조직은 엄격한 직무기술서를 가진 동료들에 대해 딱딱한 HR 접근 방식에서 벗어날 것을 요구한다. 양손잡이 조직은 HR이 기존의 특정 프로세스, 절차 및 작업 규칙에서 자유로울 것을 요구한다. 양손잡이 조직에는 기존의 HR BoK(본질)

위에 새로운 HR 역량이 필요하다.

▌양손잡이 조직은 #ZigZagHR이 필요하다.

그렇다면 우리는 어떻게 할 것인가?

과거를 잊고 현재를 관리하며 미래를 창조하라

일상적인 비즈니스를 관리하려면 혁신적 사고와 전혀 다른 기술, 리더십 스타일, 관리 매트릭스가 필요하다. 일상의 업무 관리와 혁신적 사고는 완전히 다른 두 가지 과제다.

▌ 그리고 조직 내 구성원들이 가장 중요하게 해결해야 하는 과제는 두 가지 일을 동시에 해야 한다는 사실이다.

하지만 기존 비즈니스를 최적화하는 동시에 새로운 혁신적 비즈니스 모델을 만드는 방법은 무엇인가?

단순히 새로운 혁신적 비즈니스 모델을 만들고 동시에 기존 비즈니스 모델을 최적화하는 데 전념하는 것이 아니다. 기존에 사용하던 시스템에 의존하지 않고 조직과 HR 차원에서 어떤 혁신적 방법에도 저항하지 않는 마인드와 창조적 과정이 필요하다.

벨기에의 HR 매니저 중 한 사람은 이런 도전을 다음과 같이 묘사했다. 그 회사는 몇 년 동안 최고 위치에 있었으나 최근 어려운 상황을 맞았는데, 마치 하늘 높은 곳에서 순항하고 있는 비행기 안과 같은 느낌이었다고 말한다. 지난 2년 동안 비행기에 아무런 투자도 하지 않았지만, 그 당시는 임시방편의 해결책으로도 충분해 보였기 때문에 비행기 출입문 중 하나를 강력접착제로 고정시키는 것 같은 가벼운 방법을 선택했다. 그러고도 여전히 아무런 투자도 하지 않았다! 왜냐하면 변화의 필요성을 느끼지 못했기 때문이다. 이론적으로 공중에서 비행기 문을 여는 것은 거의 불가능하다. 높은 고도에서 비행기가 순항할 때는 외부와 내부의 압력 차이 때문에 원칙적으로 문이 열리지 않는다. 즉, 불타는 플랫폼도, 바꿀 이유도 없다는 얘기다.

> #현재 비즈니스를 유지, 관리하면서 지속적으로 개선하는 것이 매우 중요하다. 현재의 비즈니스는 미래의 변화를 위한 성장동력이다. 현재의 비즈니스를 통해 운영 자금을 확보하고 수익을 창출하는 동시에 미래를 위한 투자를 시작해야 한다. 조직의 시간, 비용, 에너지, 인력을 현재의 업무를 위해서만 집중적으로 사용할 수는 없다.

비제이 고빈다라잔과 크리스 트림블은 현재 상태에 만족하지 않으며 변화를 추구하는 방법에 대해 35년 이상 연구를 진행했다. 그들은 조직 스스로 새로운 방식을 받아들이고 미래를 위한 투자에 적극적이지 못하면(할 수 없거나 할 수 없었거나), 그 조직은 현재의 비즈니스 운영에 허덕이면서 끊임없이 발생하는 문제로 힘들어질 것이라고 말한다.

비제이 고빈다라잔과 크리스 트림블은 앞 장에서 언급한 '3박스' 모델을 개발했다.[11] 그 모델은 조직의 관리자와 임원들이 활용할 수 있는 자원(시간, 노동력, 비용) 등을 어떻게 사용할 것인가에 대해 세 가지 박스로 나누어 설명한다. 또한 이것은 현재의 도전적인 문제에 대한 해답을 제공하는 동시에 미래의 혁신적인 기회 포착에도 도움이 된다.

- 박스 1: 현재를 관리하라_ 핵심적 비즈니스에 대한 성과 향상에 힘써라.
- 박스 2: 과거의 일을 선택적으로 잊어라_ 그동안의 지배적인 논리(일을 하는 방법)에서 벗어나라.
- 박스 3: 미래를 창조하라_ 현재 비즈니스를 근본적으로 변화시킬 수 있는 혁신적 미래를 위한 아이디어에 집중하라.

'박스 1'에서는 조직과 이해관계자들의 단기적인 요구사항에 집중한다. 여기서는 현재 진행하고 있는 일의 최적화, 활용도, 연관성 높은 혁신에 초점을 맞춘다. 그 사고방식은 현재 비즈니스를 더 빠르고, 스마트하며, 저렴하게 유지하는 것이다.

'박스 2'에서는 시간과 공간을 초월한 새로운 차원의 혁신을 기획한다. 이 단계에서 발생할 수 있는 장벽을 최대한 없애야 한다.

'박스 3'에서 모든 관심은 미래를 위한 테스트에 집중된다. 여기에서 부가가치가 생성된다.

#'3박스 모델'은 각각의 박스마다 다른 기술, 프로세스 및 업무 매트릭스를 전제로 하기 때문에 이를 지원하는 HR의 역량이 중요하다. HR은 각 상자의 실행에 필요한 역량들이 사내에서 공급될 수 있는지 검토하고, 만일 외부의 인재가 필요할 경우에는 최대한 적시적소에 필요 역량을 공급함으로써 모델 개발과 진행에 도움이 되어야 한다.

미래를 위해,
매일 무언가 준비해야 한다

비제이 고빈다라잔과 크리스 트림블의 모델은 멀지 않은 곳에 미래가 있고, 그 미래는 쓰나미처럼 순식간에 다가오는 것이 아니라 매일매일 조금씩 다가온다는 믿음에 바탕을 두고 있다. 그렇기 때문에 새로운 미래를 위해서는 성공적인 현재 비즈니스 곁의 작은 움직임부터 시작해야 한다.

#ZigZagHR은 HR이 모든 것을 완전히 갈아엎는 형태의 혁신이 아니라 조직 안팎의 고객과 이해관계자들에게 새로운 가치를 더하는 활동에 의해 이루어진다.

언제부터
시작하나요?

이에 대한 대답은 쉽다. 시작할 필요가 없다고 생각되는 순간부터 시작해야 한다. 많은 조직은 늦었다고 생각될 때, 급할 때, 위기나 생사의 순간이 다가와야만 행동을 취한다. 그러나 미래는 매일매일 끊임없이 준비해야 한다.

최적의
선택

> "어떤 사업이든 관계없이 내가 배운 교훈은 아무리 훌륭한 계획이라도 항상 훌륭한 사업이 될 수는 없으며, 일이 잘 풀릴 때 변화를 생각하고 준비할 필요가 있다는 것이다." _마크 레슬리

스탠퍼드 경영대학원의 기업가정신 및 기업혁신 교수인 마크 레슬리Mark Leslie는 『기업의 삶에 대한 원을 크게 만드는 방법The Arc of Company Life, and How to Prolong It』이라는 연구를 발표했다. 기업들이 거치는 전형적인 네 단계(시동>성장>절정>하락)를 살펴보면, 조직의 하락 단계까지 기다리다 혁신하면 이미 늦고, 심지어 절정 단계에서 혁신을 시작해도 늦다고 한다. 레슬리가 주장하는 최적의 혁신 시기는 회사가 성장단계 최고조에 이르렀을 때다. 조직 입장에서 혁신을 체계적으로 관리할 수만 있다면 그 조직은 영원히 청년 기업으로 남을 수 있다.[12]

> 대부분의 조직은 '박스 1: 현재를 관리하라'에서 일하고 있다.

대부분의 조직이 현재를 관리하는 일에 집중하는 이유는 현재의 일이 그들의 안전지대(일반적으로 캐시카우)이기 때문이다. 여기서 그들은 항상 해왔던 방식으로 일하며 현재의 일을 최적화하려고 노력한다. 그들은 기존 프로세스와 구조에 익숙해 모든 것을 비교적 쉽게 조절할 수 있다. 현재의 비즈니스에 익숙한 직원들은 현재의 프로세스에 집중하고 있어 혁신을 염두에 둔 미래 비즈니스 모델에 대해 생각할 여유가 없다. 이들에게서는 급진적인 혁신을 기대할 수 없다. 그러나 그들이 창출하는 현재의 수익은 미래의 기술혁신을 위해 필요하기 때문에 지속적인 프로세스 개선과 구조의 최적화는 필수적이다.

대부분의 조직이 현재의 비즈니스에 대한 '박스 1'에 시간과 에너지를 집중하며 미래에 투자하지 않는 또 다른 이유는 아직까지 미래에 대한 투자를 생각할 정도로 현실이 힘들지 않기 때문이다. 미래에 대한 걱정을 덜 해도, 당장은 그 피해가 없기 때문이다. 이에 대한 좋은 방법 중 하나는 계획적으로 현재와 다른 기술과 전문지식을 개발하는 조직 문화다. 미래를 예측하기는 불가능하지만, 미래와 관련 있는 사람들을 끌어들여 최악의 시나리오에 대비하는 것은 가능하다. 이것은 우리를 '박스 3: 미래를 창조하라'로 이끈다.

> '박스 3'에서는 익숙하거나, 통제할 수 있거나, 예측 가능한 것이 아무것도 없다. 이를 위해서 조직은 다양한 실험을 해야 하고, 실수하더라도 비난받지 않아야 한다.

성공한 조직일수록 '박스 3'에 집중하기 어렵다. '박스 3'의 사고를 위해서라면 기존의 사고, 업무 습관 및 프로세스를 내려놓아야 한다. 조직 외부의 변화에서 끊임없이 변화의 원인을 관찰하고 결과를 예측해야 한다. 그리고 외부의 변화에 대해 내부적으로 준비하고 있어야 한다. '박스 3'의 사고에 익숙해지면 변화에 대한 미래의 시나리오에 손쉽게 대비할 수 있다.

> '박스 2'에서는 과거의 사고방식에 대해 '선택적으로' 벗어나는 것에 초점이 맞춰져 있다. '박스 3'의 혁신적 사고를 방해하는 것이 바로 성공적인 '박스 1'의 사고방식이기 때문에 예전 사고방식에서 벗어나는 것과 관련된 '박스 2'의 중요성이 강조되고 있다.

이를 위해서는 현재의 가치와 미래의 가치를 구분할 줄 알아야 한다. 가지치기를 위해 나무의 뿌리를 완전히 자르면 그 나무는 죽기 때문이다. HR은 현재 비즈니스를 유지하기 위한 프로세스와 역량을 확인하는 동시에 변화를 방해하는 사고와 가치관에 대해 '박스 2'에 해당하는 선택적 제거 작업에 들어가야 한다. 그러나 대부분의 조직은 자신의 어떠한 부분에 의해 혁신적인 사고가 방해받는지 잘 알지 못한다. 그래서 '박스 2'에 더 많은 관심을 보일수록 조직의 사업 모델은 근본적으로 혁신될 가능성이 커진다.

조직의 관리자와 리더들은 '3박스 틀' 안에서 현재와 미래를 동시에 생각하고 일할 수 있는 의지와 능력이 있어야 하며 그 과정을 주기적으로 실행에 옮길 수 있어야 한다. '박스 3' 안에서 만들어지는 미래의 비즈니스 모델, 상품 및 서비스는 언젠가 그 조직에서 '박스 1'의 상태로 바뀔 것이다. 또한 조직의 상황에 따라 어느 박스에 더 초점을 맞춰야 하는지가 다를 것이다. 이러한 사고에 정통하면 그 조직은 매일매일 미래를 건설할 수 있다.

**당신은 항상
현재를 관리하고,
과거를 파괴하며,
미래를 건설하고 있다.**

#ZigZagHR과
'3박스'

HR 또한 3박스 모델을 적용할 수 있다.

- '박스 1'은 HR이 현재에 부가가치를 가져오며 법적 준수에
  필요한 모든 HR 활동을 관리하는 것을 의미한다. 주로 IT
  도구(컴퓨터, 로봇, 알고리즘)를 강화함으로써 HR 업무를 더
  효율적이고 효과적으로 최적화한다.
- '박스 2'는 더 이상 가치를 더하지 않는 HR 활동을 포기한
  다는 것을 의미한다.
- '박스 3'은 이해관계자와 미래 조직을 위해 HR 업무와 혁
  신적인 활동을 접목한다는 것을 의미한다.

HR은 현재의 실무, 벗어나야 할 업무, 그리고 혁신 사이에서
전략적으로 지그재그할 수 있을 정도로 민첩해야 한다. #ZigZagHR
관점에서 현재의 모든 활동(프로세스, 정책 및 업무)과, 직원들과 HR
부서의 접점을 살펴봐야 한다. 기존 틀 밖에서 볼 수 있는 기회를

만들면 더욱 좋다. 이를 통해 미래의 HR 혁신에 대한 통찰력, 기회 및 도전과제를 볼 수 있다. 또한 외부의 변화에 대해 정확한 판단을 내릴 수 있어야 하며 변화가 가져올 영향에 대해 고민하고 선제적 혁신에 대한 답을 찾아야 한다. 그러기 위해서는 조직의 직원, 고객, 경쟁자, 노조 및 다른 조직의 사람들을 포함한 모든 이해관계자에 대한 우호적인 네트워크를 만들어야 한다. 그러므로 #ZigZagHR 시스템은 HR 업무에서 매우 중요하다.

'박스 3'에서는 급격한 혁신적 실험을 요구하기도 한다. 이를 위해 HR은 #ZigZagHR 역량에서 설명한 작은 신호나 시그널에 귀 기울여 들을 수 있는 새로운 역량이 필요하다.[13] 약한 신호나 시그널은 앞으로 일어날 수 있는 사건을 경고하는 의미다. 조직에 전달되는 약한 신호를 찾는 것은 HR의 어려운 과제 중 하나다. 왜냐하면 조직 외부에 흐르는 미세한 신호를 분석해 다른 사람들이 감지하지 못하는 미래의 큰 이슈나 기회를 얻을 수 있기 때문이다.

그러나 대부분의 신호는 애매모호하며 현실의 요구에 부합하지 않기 때문에 조직 내에서 활용가치가 떨어질 수 있다. 일반적인 HR 실무자는 이러한 신호를 감지하기 어려울 수 있지만, 조직을 이끌어가는 리더나 학습 능력이 뛰어난 사람은 감지할 수 있을 것이다. 조직의 미래를 위해 큰 그림을 그리는 포부와 끝없이 배우려는 욕구는 이런 미세한 신호를 감지하게 할 뿐만 아니라 신호의 해석을 위해 외부와 내부의 이해관계자를 연결하기도 한다. 이러한 과정을 통해 위험을 감지하고 불확실성이 높은 상태를 최대한 활용하게 하며 근거에 입각한 결정을 내린다. 그들은 혁신적인 HR 활동을 위해 내부 역량을 새롭게 창조할 수 있다.

HR은 '박스 2' 과정을 위해 혁신을 가로막는 사고 및 가치 없는 프로세스를 인지(흔히 무의식적 편견으로 표현)해야 한다. 우리에 갇힌 원숭이와 바나나의 이야기는 아주 좋은 비유다. 원숭이 우리 안 계단 위에 바나나 하나를 매달아놓았다. 원숭이 중 한 마리가 바나나를 얻기 위해 계단을 오르지만, 계단 위에 오르려고 하자마자 다른 원숭이들이 모두 물을 맞는다. 나중에, 다른 원숭이도 시도하지만 같은 결과를 얻는다. 조금 후, 다른 원숭이가 계단을 오르려고 할 때, 다른 원숭이들이 그를 제지한다. 그런 다음 우리 안에 있는 원숭이 한 마리를 새로운 원숭이로 교체한다. 이 새로운 원숭이는 바나나를 차지하기 위해 계단을 오르지만, 다른 원숭이들은 물을 맞고 싶지 않기 때문에, 그 원숭이를 제지한다. 그러고 나서, 또 다른 새로운 원숭이가 우리 안으로 들어와 계단을 오르자마자, 그 원숭이는 다른 원숭이들에게 공격을 당한다. 정작 본인은 왜 공격당하는지 전혀 모른다. 그 결과 어떤 원숭이도 감히 계단을 오르지 못한다![14]

이러한 현상은 조직의 HR에서도 종종 발생한다. 조직 안에서 계단을 오르려고 할 때 허용되지 않으면 과감하게 비판적인 질문을 던질 수 있는 원숭이가 필요하다. 제프 스테스Jef Staes가 2007년에 쓴 3부작 소설 『나의 조직은 정글이다. 나는 양이었고 나의 매니저는 영웅이었다My Organization is a Jungle, I was the Lamb and my Manager was the Hero』에서는 붉은 원숭이와 그 조직의 상황을 정글로 비유하면서 혁신에 대한 저항을 유머로 표현했다.[15] 이는 오늘날에도 여전히 유효하다.

HR이 '3박스' 시스템을 운영하는 데 가장 중요한 능력이 바로 '변화 관리'다. 사라스 사바스티Saras D. Sarvasty가 2000년대 초반에 발표한 연구결과를 보면, 변화 관리는 인과적인 사고와 효율적인 사고를 구분해서 접근한다.[16] 이러한 서로 다른 사고방식을 서로 다른 기술들이 필요한 변화 관리 방식에 적용한다. 인과적인 사고를 가진 전문가들은 변화 관리를 폭포수 방식으로 접근하는 반면, 효율적인 사상가들은 보다 민첩한 접근법을 사용한다. 인과적인 변화 관리 사고법은 '박스 1(유지)'에 더 적합한 반면, 효율적인 변화 관리 사고법은 '박스 3(혁신)'에서 더 잘 작동한다.

인과적 변화 관리는 '존재하는 것'에 의해 시작되며, '해야 한다'는 개념의 변화를 관리하고 실행하기 위해 단계적 개선 방법론TQM, Lean Six Sigma, PROSCI을 사용한다. 변화 관리 전문가 존 코터John Kotter에 의하면 인과적 변화 관리는 변화에 저항하는 사람들과 일하는 데 집중하며 실수를 피하려고 노력한다.[17] 이것은 대부분의 경영대학원에서 가르치는 표준화된 변화 관리 방법이다. 이 방법은 '박스 1'의 지속적인 개선을 통한 변화에 매우 적합하다.

그러나 효율적인 변화 관리는 명확한 목표에서 시작되지 않는다. 변화는 고정화된 과정보다는 유기적 상황에서 나타나며, 변화의 속도는 더 민첩하고 빠르다. 애자일한 HR에 대해 이야기할 때 신속한 시제품 제작의 예를 들었다. 이러한 유형의 민첩한 변화 관리는 혁신적 변화 및 기업 차원의 미래활동을 위한 '박스 3'에 더 적합하다.

요약

지금은 HR의 황금기이며, 기존의 전통적인 습관에서 벗어나 혁신적인 HR 업무로 지그재그함으로써 새로운 인사 관리의 틀을 만들 수 있는 좋은 기회다. HR은 조직 안에서 계속적으로 해야 할 업무와 더 이상 하지 말아야 할 업무, 그리고 새롭게 시작해야 할 혁신적 업무를 분석하고 구분함으로써 변화를 주도할 수 있다. 비제이 고빈다라잔과 크리스 트림블의 '3박스 모델'은 HR이 주도하는 혁신을 위해 쉽고 간단한 로드맵을 제공한다. HR은 다른 전문가들과 함께 #ZigZagHR 시스템을 구축해 이해관계자 혼자서는 만들 수 없는 모든 이해관계자의 이익을 위한 솔루션을 개발할 수 있다. #ZigZagHR은 세 가지 단순한 규칙을 사용해 변화를 관리할 툴을 만들 수 있으며 다음 규칙을 통해 조직 문화와 조직의 구조를 바꿀 수 있다. (1) 현재의 가치를 유지하기 위한 HR 활동을 준수한다. (2) 더 높은 가치에 방해가 될 수 있는 HR 활동을 중지하고 벗어난다. (3) 새롭고 혁신적인 HR 활동을 시작하고 실험한다.

#ZigZagHR 선언문으로 활동 시작하기

> #ZigZagHR 시스템에 참여하기 위해서는 의무적으로
> #ZigZagHR 선언문에 서명해야 한다!

갑자기 선언문이라는 말에 당황할 수도 있다. 우리는 HR의 노력을 통해 조직이 변화하고 발전할 수 있으며, 당연히 그래야 한다고 확신한다. 하지만 아이디어는 아이디어일 뿐이다! 활동을 시작해 우리의 생각을 구체적인 행동으로 바꾸려면 같이 일하는 동료와 조력자가 있어야 한다.

여러분은 데릭 시버스Derek Sivers가 TED에서 강연한 「춤추는 남자에게서 받은 리더십 교훈Leadership Lessons from the Dancing Guy」에 대해 들어본 적이 있을 것이다.[1] 아주 짧은 시간 TED에서 강연한 내용의 핵심 취지는 리더십이 과대 포장되어 있다는 것이다. 이것은 우리의 첫 번째 동료와 조력자에 대한 내용이다. 그러므로 여러분이 #ZigZagHR 시스템에 합류할 것을 요청한다.

이 책을 읽으면서 고개를 끄덕였는가?

당신은 이 책의 아이디어 중 몇 가지 주제와 연관되어 일하

고 있는가?

▌ 그럼 저희 #ZigZagHR 시스템에 합류하세요!

#ZigZagHR 선언문을 통해 #ZigZagHR이 왜 #ZigZagHR 시스템을 원하는지와 우리가 중요하게 생각하는 이유를 설명하고자 한다.

용기를 내어 우리를 따라오고,
다른 사람들에게
어떻게 일하고 있는지 보여줘라.
안전지대에서 벗어나라.
우리는 함께 HR의 미래를
다시 만들 수 있다

#ZigZagHR
선언문

1. 성장을 위한 마음가짐을 가져라.

2. 밖에서 활동하라.

3. 연결하라.

4. 배워라.

5. 장벽을 깨라.

6. 새로운 아이디어를 구상하고 기획하고 실행하라.

7. 실험 정신을 가져라.

8. 배운 교훈을 공유하라.

9. 우연성을 믿어라.

10. HR 최적의 상황을 찾아라.

#ZigZagHR 선언문 #1: 성장을 위한 마음가짐을 가져라

#ZigZagHR 시스템에 가입한다면, HR이 변화하는 단계라는 데 확신을 가져야 한다. 지금은 새로운 시대이고 HR을 새롭게 변화시켜야 할 때다. 혼자서 해결해야 하는 막막한 상황도 아니며 끝이

없는 길을 걷는 것도 아니다.

■ HR을 위한 좋은 시간이다.

우리에게 필요한 것은 현실 한계에 대한 반항적인 태도와 변화에 대한 열정적이며 당당한 태도다. 당신이 성장 마인드를 가지고 약간의 허세를 부리며 HR을 바라보기를 원한다. 왜냐하면 당신이 바라보는 HR에 대한 마인드가 당신 자신과 조직의 미래에 결정적인 영향을 미치기 때문이다.

#ZigZagHR 선언문 #2: 밖에서 활동하라

#ZigZagHR 시스템에 가입하기를 원한다면, 말 그대로 HR의 장벽 안에서 벗어나는 것이 중요하다.

> **밖으로 나가라!**
> **너만의 방식에서 벗어나라.**
> **안전지대 밖으로 나가라.**
> **HR 사무실에서 나가라.**

정말로 HR을 변화시키고 조직에서 #ZigZagHR 아이디어를 적용하고 싶으면, 이해관계자들과의 약속을 지키기 위해 노력하는 동시에 그들이 기대하는 미래를 만들어주어야 한다. 그러기 위해서는 자신의 폐쇄적인 사고방식을 버리고, 익숙한 안전지대 밖으로 나와야 한다. 또한 의도하지 않게 고착화된 현재의 구조와 활동에서 벗어나야 한다. 이것이 바로 전체 조직의 발전적인 변화를 위해 HR이 할 수 있는 유일한 방법이다.

이러한 방법을 통해 HR은 실제로 차이를 만들고 미래를 증명할 수 있다.

#ZigZagHR 선언문 #3: 연결하라

#ZigZagHR 시스템에 가입하길 원하면, 조직 내 동료, 이해관계자, 그리고 조직 밖의 사람들에게도 언제 어디서나 연결하려는 자세를 가져야 한다. 가장 많이 배우고 통찰력을 얻는 방법은 생각이 같은 사람 그리고 (특히) 비호감적인 사람들과 연결하는 것이다.

■ "새로운 아이디어를 통해 새로운 빛을 볼 수 있다."

실제로 아이디어의 충격에서 빛이 뿜어져나오거나 레너드 코언Leonard Cohen의 노래 가사가 암시하듯이 "벽에 금이 가고 있으면, 그곳을 통해 빛이 들어오는 것이다". #ZigZagHR의 협업을 통해 정확히 새로운 방법이 보이는 것이다. 그리고 그것은 #ZigZagHR 시스템의 부가가치다.

#ZigZagHR 선언문 #4: 배워라

우리가 새로운 연결을 통해 끊임없이 #ZigZagHR 시스템에 가입하는 것은 HR 전문가로서 발전하기 위한 출발점으로, 또 다른 평생학습을 의미한다. 새로운 것을 배운다는 것은 평생학습의 시작이기 때문에 다음 사항에 유념해야 한다.

> 새로운 배움이 나에게 주는 시사점은 무엇인가?
> 나는 새로운 배움의 주제에 대해 이미 알고 있는가?
> 새로운 배움 이후 내가 할 수 있는 후속 질문은 무엇인가?
> 어떻게 하면 새로운 배움을 실제 HR 활동에 적용할 수 있는가?

체계적인 HR 교육을 받지 않은 사람도 새로운 배움의 교육과 훈련을 통해 HR의 본질을 배우고 숙달하는 것을 의미한다. 또한 새로운 배움은 HR 전문가에게 기존 HR 장벽을 넘어 새로운 지식을 습득하는 것을 의미한다.

#ZigZagHR 선언문 #5: 장벽을 깨라

우리는 #ZigZagHR 시스템을 통해 최고의 HR 전문가가 더 이상 HR 내부에서 배출되지 않을 수도 있다는 것을 인정한다. 우리는 업종의 기능적 장벽을 벗어난 영역 밖 지식과 기술을 HR 업무에 적용하고 통합한다. #ZigZagHR 시스템은 기존 지식과 기술을 넘어 더 멀리, 더 깊이 나아간다. 장벽을 깨는 활동은 HR과 다른 조직의 연결에 대한 중요성을 깨닫는 것이다. HR은 새로운 연결을 통해 잘 다져진 길을 떠나 불확실성과 새로운 모험을 선택한다는 것을 의미한다. 벽을 넘어선다는 것은 벽 너머 세계를 알게 되는 것을 의미한다.

#ZigZagHR 선언문 #6: 새로운 아이디어를 구상하고 기획하고 실행하라

#ZigZagHR 시스템을 통해 모든 HR 활동에 '구상, 기획, 실행' 규칙을 활용하라.

- 구상하라_ 조직에서 사용하는 관리 개념을 정의한다(개념화).
- 기획하라_ 개념 측정 방법을 결정한다(운영화).
- 실행하라_ HR 활동으로 실행할 수 있어야 한다(지원).

HR 활동의 성공 여부를 확인하기 위해서는 자신의 조직(기업, 산업, 국가 등) 내에서 활동에 대한 명확한 개념이 정의되어 있어야 한다. 그리고 성공을 확인할 수 있는 척도가 필요하다. 마지막으로, 활동을 실행하는 데 필요한 지원이 있어야 한다.

#ZigZagHR 선언문 #7: 실험 정신을 가져라

#ZigZagHR 시스템을 통해 새로운 실험을 할 수 있다. 새로

운 아이디어는 지금까지 우리를 좋은 결과로 이끌었다. 그리고 다양한 아이디어의 실험은 혁신을 좀 더 발전시킬 수 있다. 토머스 에디슨은 "혁신은 1%의 영감과 99%의 땀"이라고 말했다.

조직에서 창의력을 가진 다양한 사람들을 활용해 브레인스토밍 시간을 가지면 분명히 혁신적인 아이디어를 더 발전시킬 수 있을 것이다. 그러나 혁신적인 아이디어만으로는 실생활에서 혁신적인 변화를 보장하지 않는다. 새로운 아이디어가 조직 안에서 적합한 결과를 얻을 수 있는지 확인하며 효과가 없을 경우 과감하게 중단하는 민첩성도 필요하다. A/B 테스팅은 아이디어에 대한 기초적인 실험으로써 HR에서 결정해야 할 사항에 대한 근거를 제시할 수 있다.

> 엉뚱한 생각을 하는 것은 매우 흥미로운 일이지만, 그 엉뚱한 생각을 실제로 실행하기는 매우 힘들며 HR 단독으로는 더더욱 할 수 없다. 따라서 HR 장벽을 벗어나 다양한 조력자의 지원을 위한 #ZigZagHR 시스템을 만들고 싶다.

#ZigZagHR 선언문 #8: 배운 교훈을 공유하라

#ZigZagHR 시스템은 새로운 아이디어, 모범 사례, 교훈을 다양한 사람과 공유하는 인적 네트워크다. 실제로 아무리 좋은 다른 조직의 모범 사례일지라도 자신의 조직에는 같은 방법과 형식으로 적용되지 않는다.

> **#ZigZagHR 시스템은 명확한 지식과 직접적 경험뿐만 아니라 암묵적 지식과 경험까지 조직 내·외부의 다양한 팀들과 공유한다는 것을 의미한다.**

네트워킹이란 '다른 사람에게서 무엇을 얻을 수 있는가?'의 수단이 아니라, '다른 사람들에게 무엇을 줄 수 있는가?'를 의미한다. 이를 위해 호기심을 갖고 주위 상황에 귀 기울이며, 지적인 유연성을 갖추어야 한다.

#ZigZagHR 선언문 #9: 우연성을 믿어라

> **세런디피티Serendipity: 기대하지 않는 우연한 상황에서 좋거나 멋진 것을 찾는다.**

세런디피티는 우연한 것에서 중대한 발견이나 발명이 이루어지는 것을 뜻한다. 레오 베켈란트Leo Baekelandt는 1909년 베이클라이트(플라스틱의 전신)를 발견했다. 알렉산더 플레밍Alexander Fleming은 1928년에 우연히 페니실린을 발견했고, 퍼시 스펜서Percy Spencer는 1945년에 전자레인지를 발명했다. 헤디 라마Hedy Lamarr는 1940년에 무선 기술을 공동 발명해, 추후 휴대전화 기술의 기초를 만들었다. 그레이스 호퍼Grace Hopper는 코딩 언어로 만든 최초의 컴퓨터 코드를 발명했다. 최근에는 1968년에 스펜서 실버Spencer Silver가 포스트

잇 메모지를 고안해냈다.

새로운 지식을 창조하는 능력은 기존의 명시적 지식을 처리하는 과정보다는 암묵적 지식(때로는 매우 주관적인 통찰력, 직관)을 통해 창조되기 때문에 비즈니스 맥락에서 세런디피티는 큰 가치가 있다. 모든 직원의 통찰력이 팀과 공유되기만 하면 기업 전체가 이를 활용해서 큰 발전을 이룰 수 있다. #ZigZagHR 시스템을 위해 세런디피티를 수용하라.

#ZigZagHR 선언문 #10: HR 최적의 상황을 찾아라

마지막으로 #ZigZagHR 시스템을 위해 가장 높은 단계의 윤리적 가치관으로 HR 업무를 관찰해야 한다. 어떤 결정에서 HR이 가장 어려울 때는 바로 이해관계자들의 요구사항과 충돌하는 경우다. 우리는 항상 근로자에게 좋은 방법을 추구하는 동시에 고객과 조직에도 좋은 방법을 목표로 삼아야 한다. HR의 H가 인간을 의미한다는 것을 결코 잊어서는 안 된다!

반대자들을 위하여
건배!

"건배! 여기 미친 사람들, 부적응자들, 반항자들, 사고뭉치들, 네모난 구멍에 박힌 말뚝 같은 이들, 사물을 다르게 보는 사람들이 있다. 그들은 항상 규칙을 좋아하지 않는다. 동의하지 않을 수도 있고, 상황을 아름답게 꾸민다고 비난할 수도 있지만, 그들은 현재 상황을 변화시키기 때문에 절대로 무시할 수 없다. 그들은 현재 상황을 원하는 미래로 변화하게 한다. 때로는 비정상적인 존재로 평가할지도 모르지만, 우리는 이들을 천재로 간주한다. 왜냐하면 그들은 세상을 바꿀 만큼 미친 사람들이기 때문이다."

이 말은 스티브 잡스가 애플 광고에 사용했던 '다르게 생각하라Think Different' 캠페인에서 쓰인 내용이지만, 그것은 HR 반란 주동자 혹은 #ZigZagHR 전문가를 설명하는 데 완벽하게 들어맞는다.

HR 반란에 참여하길 원하면 #ZigZagHR 시스템에 가입하라!

_리스베스 & 레슬리

#ZigZagHR 툴키트

다시 생각하고, 다시 도구화하고, 다시 시작하라

리스베스는 #ZigZagHR 역량을 HR 실무자와 학생들에게 소개하기 위해 많은 도구를 설계했다. 이러한 도구(월래밋 대학 MBA의 글로벌 HR 코스를 위해 개발된 도구)는 당신의 HR 팀 교육, 학습 및 이벤트에도 사용될 수 있다.

#ZigZagHR 툴키트는 HR에 디자인 싱킹을 소개한다.

- 직원 경험
- 접점 관리
- 신속한 테스트 프로세스 제작

#ZigZagHR 툴키트는 HR 팀에 애자일 라이트를 소개한다.

- 실제 적용 사례
- 스프린트 계획
- 스탠드업 미팅

#ZigZagHR 툴키트는 HR에 실질적인 행동을 소개한다.

- 무의식적 편견
- 넛지
- 검색

#ZigZagHR 툴키트는 HR에 분석을 적용한다.

- 데이터 기반 HR
- 데이터 마이닝
- 감성 분석
- A/B 테스팅

#ZigZagHR 툴키트는 HR의 글로벌 표준과 로컬 상황의 대응을 원칙으로 한다.

#ZigZagHR 툴키트는 HR에 '3박스 이론'을 사용한다.

리스베스는 #ZigZagHR 에코시스템에 따라 관심 있는 HR 실무자, 팀, 강사 및 학계 관련자들이 다음 도구를 활용할 수 있도록 했다. 링크트인으로 연락하라.

주

프롤로그 지금이 바로 혁신적 HR을 준비할 때

1. Hinssen, P. (2017) *The Day After Tomorrow: Hoe Overleven in Tijden van Radicale Innovatie*. Leuven: LannooCampus/Van Duuren Management.

제1장 왜 #ZigZagHR인가?

1. Gratton, L. (2011) *The Shift: The Future of Work is Already Here*. London: HarperCollins.

2. Morgan, J. (2014) *The Future of Work: Attract New Talent, Build Better Leaders, and Create a Competitive Organization*. New York: John Wiley & Sons.

3. Morgan, J. (2017) *The Employee Experience Advantage: How to Win the War for Talent by Giving Employees the Workspaces they Want, the Tools they Need, and a Culture they Can Celebrate*. New York: John Wiley & Sons.

4. Bersin, J. (2016) *The Future Of work: It's Already Here – And Not as Scary as You Think*. https://www.forbes.com/sites/joshbersin/2016/09/21/the-future-of-work-its-already-here-and-not-as-scary-as-you-think/#701dec5f4bf5

5. Claus. L. & Baker, S. (2018) 'The global HR stack: External and internal tools and methodologies impacting HR', pp. 35-63 in L. Claus (ed.), *Global HR Practitioner Handbook* (vol. 4), Silverton, OR: Global Immersion Press.

6. Whiteman, W. E. (1998) *Training and Educating Army Officers for the 21st Century: Implications for the United States Military Academy*. Carlisles Barracks, PA: U.S. Army War College. http://www.dtic.mil/dtic/tr/fulltext/u2/a345812.pdf

7. Johansen, B. (2017) *The New Leadership Literacies: Thriving in the Future of Extreme Disruption and Distributed Everything*. Oakland: Berrett-Koehler Publishers.

8. Hinssen, P. (2017) *The Day After Tomorrow: Hoe Overleven in Tijden van Radicale Innovatie*. Leuven: LannooCampus/Van Duuren Management.

9. Morgan, J. (2017) *The Employee Experience Advantage: How to Win the War for Talent by Giving Employees the Workspaces they Want, the Tools they Need, and a Culture they Can Celebrate.* New York: John Wiley & Sons.

10. Jeong, S. (2019) *South Korea's glass ceiling: The women struggling to get hired by companies that only want men.* https://www.cnn.com/2019/01/31/asia/south-korea-hiring-discrimination-intl/index.html

11. Gratton, L. & Scott, A, (2016) *The 100-Year Life: Living and Working in an Age of Longevity.* London: Bloomsbury Publishing.

12. Sawe, B. E. (2018) '15 Countries Working The Most Hours.' *WorldAtlas*, May. 24, worldatlas.com/articles/15-countries-working-the-most-hours.html

13. Kim, E. (2019) *Number of Samsung Electronics Employees in South Korea Tops 100,000 Mark.* http://www.businesskorea.co.kr/news/articleView.html?idxno=30533

14. Ramirez, E. (2018) *10 South Korean Startups Powering Into 2018.* https://www.forbes.com/sites/elaineramirez/2018/01/25/10-south-korean-startups-powering-into-2018/#72c50afe6946

15. Stewart, M. (2018) 'The birth of a new aristocracy: The gilded future of the top 10 percent – and the end of oportunity for everyone else', *The Atlantic,* June, pp. 48-63.

16. Tae-joon, K. and Eun-joo, L. S. (2018) *Korea's dependency ratio to become highest in OECD scale by 2065.* March 28. https://pulsenews.co.kr/view.php?year=2019&no=188673

17. Browaeys, T. (2017) Statistieken burn-out: 'Eigenlijk willen we dit niet meer. En toch gaan we door', *Knack* 18/04/2017. http://www.knack.be/nieuws/gezondheid/statistieken-burn-out-eigenlijk-willen-we-dit-niet-meer-en-toch-gaan-we-door/article-opinion-841847.html

18. Corporate culture is still a drag. *Korea Joongang Daily,* June 7, 2018. http://koreajoongangdaily.joins.com/news/article/article.aspx?aid=3049029

19. Kleinste personeelsverloop sinds 2007, Belgen blijven bij hun werkgever, *HR Square* 25/03/2016. http://www.hrsquare.be/nl/nieuws/kleinste-personeelsverloop-sinds-2007-belgen-blijven-bij-hun-werkgever

20. Vandersijpe, F. & Bosmans, G. (2018) *Personeelsverloop in 2017: Vrijwillige verloop stagneert op dieptepunt ondanks record aantal vacatures.* Whitepaper Securex, April. file:///C:/Users/lesle/Downloads/18012.SECU.whitepaper.verloop_tofu2nl.pdf

21. Experts Call for Preparation as Gig Economy Speeds Up in S. Korea, *Korea Bizwire,* January 28, 2019. http://koreabizwire.com/experts-call-for-preparation-as-gig-economy-speeds-up-in-s-korea/131448

22. Manning, A. (2003) *Monopsony in Motion: Imperfect Competition in Labor Markets,*

Princeton: Princeton University Press.

23. Cappelli, P. (2008) 'Talent management for the twenty-first century', *Harvard Business Review,* March, 86: 3, pp. 74–81.

24. *Freelancing in America 2017 Report.* https://www.upwork.com/i/freelancing-in-america/2017/

25. Ferrier, K. (2019) 'Concerns rise over South Korea's dual labor market.' *The Diplomat,* July 11, 2019. https://thediplomat.com/2019/07/concerns-rise-over-south-koreas-dual-labor-market/

26. Anseel, F., Ducheyne, D., Vander Sijpe, F. & Vossaert, L. (2018) *Personaliseren van Werk: Mythes & Feiten.* Leuven: Acco.

27. Boulton, S. & Houlihan, M. (eds.), (2007) *Searching for the Human in Human Resource Management: Theory, Practice and Workplace Contexts.* London: Palgrave.

28. Hinssen, P. (2017) *The Day After Tomorrow: Hoe Overleven in Tijden van Radicale Innovatie.* Leuven: LannooCampus/Van Duuren Management.

29. Graham, P. (2012) *How to Get Startup Ideas.* www.paulgraham.com/startupideas.html

제2장 #ZigZagHR 모델

1. Hammonds, K. H. (2005) 'Why we hate HR', *Fast Company,* August, pp. 40-47.

2. Cappelli, P. (2015) 'Why we love to hate HR… and what HR can do about it', *Harvard Business Review,* July-August, 93: 7/8, pp. 54-61.

3. Charan, R. (2014) 'It's time to split HR', *Harvard Business Review,* July-August, 92: 7/8, pp. 34-34.

4. Cohen, D. (2007) 'The very separate worlds of academic and practitioner publications in human resource management: Reasons for the divide and solutions for bridging the gap', *Academy of Management Journal,* 50: 5, pp. 1013-1019.

5. Govindarajan, V. & Trimble, C. (2011) 'The CEO's role in business model reinvention', *Harvard Business Review.* January-February, 89: 1/2, pp. 108-114.

6. Quinn, R.E. & Thakor, A. V. (2018) 'Creating a purpose-driven organization', *Harvard Business Review,* July-August, 96: 4, pp. 78-85.

7. Schein, E. H. (2010) *Organizational Culture and Leaderschip.* (4th edition) San Francisco: John Wiley & Sons.

8. Kasulis, K. (2019) *South Korea's New Blind Hiring Law Bans Personal Interview questions.* PRI. https://www.pri.org/stories/2019-07-23/south-koreas-new-

blind-hiring-law-bans-personal-interview-questions

9. Kim. W.C. & Mauborgne, R. (2005) *Blue Ocean Strategy: How to Create Uncontested Market Space and Make the Competition Irrelevant.* Boston: Harvard Business School Press.

10. Claus, L. (2014) 'Global talent management', pp. 116-131 in L. Claus (ed.), *Global HR Practitioner Handbook* (vol. 1), Silverton: Global Immersion Press.

11. Ulrich, D. & Brockbank, W. (2005) *The HR Value Proposition.* Boston: Harvard Business School Press.

12. Boulton, S. & Houlihan, M. (eds.), (2007) *Searching for the Human in Human Resource Management: Theory, Practice and Workplace Contexts.* London: Palgrave.

제3장 #ZigZagHR 인력

1. Goldsmith, M. & Reiter, M. (2008) *What Got You Here, Won't Get You There: How Successful People Become Even More Successful.* Profile Books Ltd.

2. Sanders, I. & Sloly, D. (2012) *Mash-up! How to Use Your Multiple Skills to Give You an Edge, Make Money and Be Happier.* London: Kogan Page.

3. Werkbaar en Wendbaar Werk (2017). http://www.werk.belgie.be/defaultTab.aspx?id=45804

4. *Ageing and Employment Policies in Korea – the challenge of an ageing population.* http://www.oecd.org/employment/emp/33906935.pdf

5. Gratton, L. & Scott, A, (2016) *The 100-Year Life: Living and Working in an Age of Longevity.* London: Bloomsbury Publishing.

6. McKinsey (2018) *How will automation effect economies around the world.* https://www.mckinsey.com/featured-insights/future-of-organizations-and-work/how-will-automation-affect-economies-around-the-world

7. Van Parijs, P & Vandenborght, Y. (2017) *Basic Income: a Radical Proposal for a Free Society and a Sane Economy.* Cambridge: Harvard University Press.

8. Willyerd, K. & Mistick, B. (2016) *Stretch: How to Future-Proof Yourself for Tomorrow's Workplace.* Hoboken: John Wiley & Sons.

9. Gustavo Razetti, (8 March 2018) *5 Steps to Reigniting Career Development for Today's Workforce.* https://www.linkedin.com/pulse/5-steps-reigniting-career-development-todays-gustavo/

10. Ries, E. (2011) *The Lean Startup: How Today's Entrepreneurs Use Continuous Innovation to Create Radically Successful Businesses.* New York: Crown Business Publishing Group.

11. Nixon, A & Claus, L. (2014) 'Global worklife balance and stress management', pp. 175-196 in L. Claus (ed.), *Global HR Practitioner Handbook* (vol. 1), Silverton: Global Immersion Press.

12. Willyerd, K. & Mistick, B. (2016) *Stretch: How to Future-Proof Yourself for Tomorrow's Workplace.* Hoboken: John Wiley & Sons.

13. http://www.koreaneducentreinuk.org/wp-content/uploads/downloads/Education_the-driving-force-for-the-development-of-Korea.pdf

14. Thomas, D. & Brown, J. S. (2011) *A New Culture of Learning: Cultivating the Imagination for a World of Constant Change.* Createspace.

15. Gallup, Inc. (2018). Gallup Daily: U.S. Employee Engagement, www.news.gallup.com/poll/180404/gallup-daily-employee-engagement.aspx

16. Bailey, S. & Black, O. (2014) *Mind Gym: Achieve More by Thinking Differently.* New York: Harper Collins.

17. Mikkelsen, K. & Martin, R. (2016) *The Neo-Generalist: Where you go is who you are.* Lid Publishing.

18. HR Square Conference (2017) 'Duizend tinten medewerkers', Bad Neuenahr – Ahrweiler, Duitsland, 19-21 oktober.

19. Staffing Industry Analysts (2019) South Korea-Number of temporary employees down 4.5% in January, Unmployment rises 0.8%. February 13. https://www2.staffingindustry.com/row/Editorial/Daily-News/South-Korea-Number-of-temporary-employees-down-4.5-in-January-unemployment-rises-0.8-48977

20. *Werknemersgroeperingen.* http://www.werk.belgie.be/defaultTab.aspx?id=43404

21. *Co-sourcing.* SD Worx. https://www.sdworx.be/nl-be/sd-worx-consulting/oplossingen/co-sourcing; Pollentier, B. (2014) *Co-sourcing and pooling: Mobiliseren van talent.* sdworks 1 april. https://www.sdworx.be/nl-be/sd-worx-r-d/publicaties/artikels/co-sourcing-en-pooling-mobiliseren-van-talent; *Studie toont co-sourcing als oplossing voor langere loopbanen* (7 november 2017) sdworks. https://www.antwerpmanagementschool.be/pers/studie-toont-co-sourcing-als-oplossing-voor-langere-loopbanen/

22. *Freelancing in America 2017 Report* (2017). https://www.upwork.com/i/freelancing-in-america/2017/

23. Lee, S. (2013) 'Basic information for hiring non-regular workers in Korea.' *Korean Labor Laws for Foreign Employers,* April 7. http://www.koreanlaborlaw.com/basic-information-for-hiring-non-regular-workers-in-korea/

24. *SERV-rapport* (2017). http://www.serv.be/stichting/publicatie/freelancers-vlaanderen.

25. Freelancers in Vlaanderen Stichting innovatie & arbeid (2017). http://www.serv.be/stichting/publicatie/freelancers-vlaanderen

26. Pollentier, B. (2014) *Co-sourcing and pooling: Mobiliseren van talent.* sdworks 1 april. https://www.sdworx.be/nl-be/sd-worx-r-d/publicaties/artikels/co-sourcing-en-pooling-mobiliseren-van-talent

27. Mayika, J., Lundl, S., Bughin, J., Robinson, K., Mischke, J. & Mahajan, D. (2016) *Independent Work: Choice, Necessity, and the Gig Economy.* Report, McKinsey Global Institute, October. https://www.mckinsey.com/~/media/McKinsey/Global%20Themes/Employment%20and%20Growth/Independent%20work%20Choice%20necessity%20and%20the%20gig%20economy/Independent-Work-Choice-necessity-and-the-gig-economy-Executive-Summary.ashx)

28. Deleu, M. (2018) 'Op Zoek naar een Europees Beleid voor Freelancers', *Nextconomy,* 13 februari. https://www.nextconomy.be/2018/02/opzoek-naar-een-europees-beleid-voor-freelancers/

29. Lee, J. *Labour Policy on Fixed-Term Employment Contract in Korea.* Hankuk University of Foreign Studies. https://www.jil.go.jp/english/reports/documents/jilpt-reports/no.9_korea.pdf

30. Nair, L. (2018) *Opening keynote speech.* Beyond: The Global HR Leadership Forum. https://www.beyondhrforum.com/speaker/leena-nair/

31. Ashford, K. (2016) 'How these millennials boosted their savings rates', *Forbes,* 28 April. https://www.forbes.com/sites/kateashford/2016/04/28/millennials-savings/#231558ef4a6c

32. Smeyers, L. (2018) 'Denk als een marketeer', *HR Square.* Januari 2018, 176: pp. 14.

제4장 #ZigZagHR 역량

1. Claus, L. & Baker, S. (2018) 'The global HR stack: External and internal tools and methodologies impacting HR', pp. 35-63 in L. Claus (ed.), *Global HR Practitioner Handbook* (vol. 4), Silverton, OR: Global Immersion Press.

2. Archer, B. *Systematic Method for Designers* (1965) London: Council of Industrial Design.

3. Martin, R. (2009) *The Design of Business: Why Design Thinking is the Next Competitive Advantage.* Boston: Harvard Business Review Press.

4. Mazur, A. H., Zucker, J., Sivak, M., Coombes, R. & Van Durme, Y. (2017) *Reimagine and Craft the Employee Experience: Design Thinking in Action.* Deloitte Development LLC. https://www2.deloitte.com/content/dam/Deloitte/be/Documents/consulting/Deloitte%20%20Reimagine%20&%20Craft%20Employee%20Experience%20-%20Design%20Thinking%20in%20Action%20POV.pdf

5. Bersin, J., Solow, M. & Wakefield, N. (2016) *Design Thinking: Crafting the Employee Experience.* https://dupress.deloitte.com/dup-us-en/focus/human-capital-trends/2016/employee-experience-management-design-thinking.html

6. Morgan, J. (2014) *The Future of Work: Attract New Talent, Build Better Leaders, and Create a Competitive Organization.* New York: John Wiley & Sons.

7. O'Connor, N. (2016) *How to Build an Experience Map.* https://medium.com@wnialloconnor/how-to-build-an-expereince-map-5e55b7ee43f32.January 25; Risdon, C. (2011) *The anatomy of an experience map.* http://adaptivepath.org/ideas/the-anatomy-of-an-experience-map/November 30.

8. Clapon, P. (2016) *Your Guide to Employee Experience Mapping.* http://www.gethppy.com/employee-engagement/guide-employee-experience-mapping; Employee Journey Mapping (2012). http://touchpointdashboard.com/2012/11/employee-journey mapping

9. Yohn, D. L. (2016) 'Design your employee experience as thoughtfully as you design your customer experience', *Harvard Business Review Human Resource Management blog,* December 8.

10. Mazur, A. H., Zucker, J., Sivak, M., Coombes, R. & Van Durme, Y. (2017) *Reimagine and Craft the Employee Experience: Design Thinking in Action.* Deloitte Development LLC. https://www2.deloitte.com/content/dam/Deloitte/be/Documents/consulting/Deloitte%20%20Reimagine%20&%20Craft%20Employee%20Experience%20-%20Design%20Thinking%20in%20Action%20POV.pdf

11. O'Connor, N. (2016) *How to Build an Experience Map.* https://medium.com@wnialloconnor/how-to-build-an-expereince-map-5e55b7ee43f32

12. Risdon, C. (2011) *The Anatomy of an Experience Map.* http://adaptivepath.org/ideas/the-anatomy-of-an-experience-map/November 30.

13. Kolko, J. (2015) 'Design thinking comes of age', *Harvard Business Review,* September, 93: 9, pp. 66-71.

14. Kelley, T. & Kelley, D. (2013) *Creative Confidence: Unleashing the Creative Potential within Us All.* New York: Crown Business.

15. Aghina, W., De Smet, A., Lackey G., Lurie, M. & Murarka, M. (2018) *The Five Trademarks of Agile Organizations.* McKinsey & Company. https://www.mckinsey.com/business-functions/organization/our-insights/the-five-trademarls-of-agile-organizations Rose, D. (2015) *Leading Agile Teams.* Newtown Square: Project Management Institute; Canty, C. (2015) *Agile for Project Managers.* Boca Raton: CBC Press.

16. Rose, D. (2015) *Leading Agile Teams.* Newtown Square: Project Management Institute; Canty, C. (2015) *Agile for Project Managers.* Boca Raton: CBC Press.

17. Rigby, D. K., Sutherland, J. & Takeuchi, H. (2016) 'Embracing Agile: How to

master the process that's transforming management', *Harvard Business Review,* March, 94: 5, pp. 40-50.

18. Rose, D. (2015) *Leading Agile Teams.* Newtown Square: Project Management Institute; Canty, C. (2015) *Agile for Project Managers.* Boca Raton: CBC Press.

19. Cappelli, P. & Travis, A. (2018) 'HR goes Agile', *Harvard Business Review,* March-April, 96: 2, pp. 46-61.

20. Boskma, W., Buizer, M., van de Hoef, N, Peters, G. & Zelen, W. (2017) *Agile HR.* Nubiz.

21. *Principles Behind the Agile HR Manifesto.* http://www.agilehrmanifesto.org/principles-behind-the-hr-manifesto

22. Silim, A. (2017) *What is new economic thinking? Three strands of heterodox economics that are leading the way.* Evonomics, April 25. http://evonomics.com/new-economic-thinking/

23. Kahneman, D. (2011) *Thinking Fast and Slow.* London: Penguin Group.

24. Kahneman, D. & Tversky, A. (1983) 'Choices, values and frames', *The American Psychologist* 39: 4, 341-350.

25. Tversky, A. & Kahneman, D. (1974) 'Judgment under uncertainty: Heuristics and biases', *Science, New Series,* 185: 4147, 1124-1131.

26. Thaler, R. &. Sunstein, C. S. (2008) *Nudge: Improving Decisions about Health, Wealth and Happiness.* New York: Penguin Books.

27. Ibid., p. 6.

28. Ibid., p. 6.

29. Ibid., p. 6.

30. Ibid., p. 6.

31. Ibid., p. 6.

32. Claus, L., Baker, S. & Ely, J. (2015) 'Global HR analytics: Making grounded talent management decisions for the global organization', pp. 5-33 in Claus. L. (ed.), *Global HR Practitioner Handbook* (vol. 3), Silverton: Global Immersion Press.

33. Boudreau, J. W. & Ramstad, P. M. (2007) *Beyond HR: The New Science of Human Capital.* Boston: Harvard Business School Press.

34. Leonardi, P. & Contractor, N. (2018) 'Better People Analytics', *Harvard Business Review,* November-December, 96: 6, pp. 74-81.

35. Kohavi, R. & Thomke, S. (2017) 'The suprising power of online experiments', *Harvard Business Review,* September-October, 95: 5, pp. 74-82.

36. Evans, P., Pucik, V. & Bjorkman, I. (2016) *The Global Challenge: Frameworks for International Human Resource Management* (3rd edition). Chicago: Business Press.

제5장 #ZigZagHR 커리어

1. Govindarajan, V. & Trimble, C. (2011) 'The CEO's role in business model reinvention', *Harvard Business Review,* January-February, 89: 1/2, pp. 108-114.

2. Ulrich, D. & Brockbank, W. (2005) *The HR Value Proposition.* Boston: Harvard Business School Press.

3. Herzberg, T. (2003) 'One more time: How do you motivate employees?', *Harvard Business Review,* January, 81: 1, pp. 87-96.

4. Van Dam, N. (2018) 'Learning in the digital age', *BizEd,* 1 March. https://bized. aacsb.edu/articles/2018/03/learning-in-the-digital-age

5. Boulton, S. & Houlihan, M. (eds.), (2007) *Searching for the Human in Human Resource Management: Theory, Practice and Workplace Contexts.* London: Palgrave.

6. Kühn, T. S. (1962) *The Structure of Scientific Revolutions.* Chicago: University of Chicago Press.

7. Morgan, J. (2014) *The Future of Work: Attract New Talent, Build Better Leaders, and Create a Competitive Organization.* New York: John Wiley & Sons.

8. Dweck, C. (2007) *Mindset: The New Psychology of Success.* New York: Ballantine Books.

9. Gulati, R. (2018) 'Structure that's not stifling', *Harvard Business Review,* May-June, 96: 3.

10. Claus, L. (2007) *Scouting Talent at Google: Global Recruiting in Action.* https://www. globalimmersionpress.com/collections/vignettes/products/scouting-talent-at-google-global-recruiting-in-action-1

11. Crosell, A. (2017) *5 Unique Human Resources Job Titles for 2017.* https://blog. cultureamp.com/5-unqie-humna-resources-job-titles-for-207

제6장 #ZigZagHR 운영

1. Inkeles, A. (1964) *What is Sociology: an Introduction to the Discipline and Preofession?* Englewood Cliffs: Prentice-Hall.

2. Wright, P., McMahan, G., Snell, S. & Gerhart, B. (1998) *Strategic HRM: Building Human Capital and Organizational Capablities.* Ithaca: Cornell University, Technical Report.

3. Ulrich, D. & Brockbank, W. (2005) *The HR Value Proposition.* Boston: Harvard Business School Press.

4. Morgan, J. (2014) *The Future of Work: Attract New Talent, Build Better Leaders, and Create a Competitive Organization.* New York: John Wiley & Sons.

5. Boudreau, J. W. & Ramstad, P. M. (2007) *Beyond HR: The New Science of Human Capital*. Boston: Harvard Business School Press.

6. Ferrari, A. (2017) *These top HR Tech trends are revolutionalizing the industy.* https://gocanvas.io/resources/these-top-hr-tech-trends-are-revolutionazing-the-industry. 10/16/2017; Milligan, S. (2017) 'HR Then and Now', *HR Magazine,* August 2015, pp. 38-41; Maier, S. (2017) *The top five HR Trends for 2017.* https/www.fastcompany.com/3066976/the-top-five-hr-rtrends-for-2017

7. Buckingham, M. & Goodall, A. (2015) 'Reinventing performance management', *Harvard Business Review,* April, 93: 4, pp. 40-50; Chandler, M. T. (2016) *How Performance Management is Killing Performance—and What to do about It.* Oakland: Berrett-Koehler Publications.

8. Claus, L & Baker, S. (2016) 'The new global performance management paradigm—Reinventing performance reviews', pp.166-99 in Claus, L. (ed.), *Global HR Practitioner Handbook* (vol. 3), Silverton: Global Immersion Press.

9. *List of Minimum Annual Leave by Country* (2013). https://en.m.wikipedia.org/wiki/List_of_minimum_annual_leave_by_country, *Countries most Vacation Days* (2013). https://www.usatoday.com/story/money/business/2013/06/08/countries-most-vacation-days/2400193/

10. *List of Minimum Annual Leave by Country.* (Accessed September 11, 2019) https://en.wikipedia.org/wiki/List_of_minimum_annual_leave_by_country

11. Castillo-Frick, I. (2017) 'The Evolution of Workflex', *HR Magazine,* December, pp. 30-31; *Latest Telecommuting Statistics* (2018) Global Workplace Analytics. http://globalworkplaceanalytics.com/telecommuting-statistics

12. *10 Stats About Remote Work.* https://remote.co/10-stats-remote-work/

13. Spector, N. (2107) *Why are big companies calling their remote workers back to the office?* July 27. https://www.nbcnews.com/business/business-news/why-are-bg-compnaies-calling-their-remote-workers-back-oggvie-n787101

14. Van der Meulen, N. (2016) *The Distance Dilemma: The Effect of Flexible Working Practices on Performance in the Digital Workplace.* Doctoral Dissertation, Rotterdam: Erasmus University.

15. 'Firms should make more information about salaries public', *The Economist,* October 28, p. 71. https://www.economist.com/news/fianance-and-economics/21730647-making-pay-more-transparent-firsms-should-make-more-infomration-about-salaries.

16. Jeong, S. (2019) *South Korea's glass ceiling: the women struggling to get hired by companies that only want men.* CNN https://www.cnn.com/2019/01/31/asia/south-korea-hiring-discrimination-intl/index.html

17. Michaels, E., Handfield-Jones, H. & Axelrod, B. (2001) *The War for Talent.* Boston: Harvard Business School Press.

18. *Net Promoter Score.* http://netpromotersystem.com/about/employee-engagement.aspx

19. Morgan, J. (2017) *The Employee Experience Advantage: How to Win the War for Talent by Giving Employees the Workspaces they Want, the Tools they Need, and a Culture they Can Celebrate.* New York: John Wiley & Sons.

20. Gallup, Inc. (2018) *Gallup Daily: U.S. Employee Engagement.* Retrieved October 29, 2018 from www.news.gallup.com/poll/180404/gallup-daily-employee-engagement.aspx

21. Green, D. & Stevens, L. (2018) *The Dos and Dont's of Continuous Listening.* https://www.linkedin.com/pulse/dos-donts-continuous-listening-david-green/

22. *SHRM Learning System* (2016) Alexandria: SHRM, p.131.

23. Crenshaw, K. (2016) *The Urgency of Intersectionality.* 7 December. https://www.youtube.com/watch?v=akOe5-UsQ2o

24. Simpson, J. (2009) *Everyone Belongs: A Toolkit for Applying Intersectionality.* CRIAW-ICREF. http://www.criaw-icref.ca/en/sites/criaw/files/Everyone_Belongs_e.pdf

25. Solomon, A. (2012) *Far from the Tree: Parents, Children and the Search for Identity.* New York: Scribler.

26. Austin, R. D. & Pisano, G. P. (2017) 'Neurodiversity as a competitive advantage: Why you should embrace it in your workforce', *Harvard Business Review,* May-June, 95: 3, pp. 96-103.

27. Wadors, P. (2016) 'Diversity efforts fall short unless employees feel that they belong', *Harvard Busines Review blog*, August 10.

28. McMurtie, B. (2016) 'How to do a better job of searching for diversity', *Chronicle of Higher Education,* September 11. https://www.chronicle.com/article/How-to-Do-a-Better-Job-of/237750

29. Russell, N. S. (2015) *The problem with a trust-but-verify approach.* https://www.psychologytoday.com/blog/trust-the-new-wrkplace-currency/201507/the-problem-trust-but-verify-approach

30. McGregor, D. (1960) *The Human Side of Enterprise.* New York: McGraw-Hill Publishing Company.

31. Russell, N. S. (2013) *Trust: Inc: How to Create a Business Culture that will Ignite Passion, Engagement, and Innovation.* Pompton Place: Carer Press.

32. Hinssen, P. (2017) *The Day After Tomorrow: Hoe Overleven in Tijden van Radicale Innovatie.* Leuven: LannooCampus/Van Duuren Management.

33. Long, D. (2105) *Managing Genius: Manage the Art of Managing People.* Lebanon: Franklin Green Publishing.

34. Rockwood, K. (2108) Not-so-human resources. *Inc,* June. http://www.

hrtechvalley.org/en/community/map-of-belgian-hr-tech/enz

35. Briscoe, D. R., Schuler, R. S. & Claus, L. (1995) *International Human Resource Management: Policies and Practices for Multinational Enterprises.* New york: Routledge.

제7장 #ZigZagHR 시스템

1. Hinssen, P. (2017) *The Day After Tomorrow: Hoe Overleven in Tijden van Radicale Innovatie.* Leuven: LannooCampus/Van Duuren Management.

2. Chesbrough, H. M. (2006) *Open innovation: The New Imperative for Creating and Profiting from Technology.* Boston: Harvard Business School Press.

3. https://en.wikipedia.org/wiki/Arthur_Tansley https://en.wikipedia.org/wiki/Eugene_Odum

4. Biomimicricy Nederland – wat is biomimicricy – http://www.biomimicrynl.org/wat-is-biomimicry.html

5. Moore, J. F. (1993) 'Predators and prey: A new ecology of competition', *Harvard Business Review,* May-June, 71: 3, pp. 75-86.

6. Moore, J. F. (1996) The Death of Competition: Leadership and Strategy in the Age of Business Ecosystems, Wiley.

7. Ernst, G. & Chrobot-Mason, D. (2011) *Boundary Spanning Leadership: Six Practices for Solving Problems, Driving Innovation, and Transforming Organizations.* New York: McGrah Hill Book company.

8. Geraci, J. (2016) "How an Ecosystem Mindset Can Help People and Organizations Succeed", *Harvard Business Review,* May 12, https://hbr.org/2016/05/how-an-ecosystem-mindset-can-help-people-and-organizations-succeed

9. Harder, H. G., Rash, J. & Wagner, S. et al. (2014) *Mental Illness in the Workplace: Psychological Disability Management.* Gower Publishing.

10. Hinssen, P. (2017) *The Day After Tomorrow: Hoe Overleven in Tijden van Radicale Innovatie.* Leuven: LannooCampus/Van Duuren Management.

11. Govindarajan, V. & Trimble, C. (2011) 'The CEO's role in business model reinvention', *Harvard Business Review,* January-February, 89: 1/2, pp. 108-114.

12. Leslie, M. "The Key to Enduring Growth Is Strategic Transformation." https://www.gsb.stanford.edu/insights/mark-leslie-key-enduring-growth-strategic-transformation (2015).

13. Ansoff, I. H. (1975) Managing Strategic Surprise by Response to Weak Signals, *California Management Review,* 18(2): 21-33.

14. Camp, P. & Erens, F. (1991) *De Gekookte Kikker – 400 Dierenmetaforen over*

Organisatieverandering, Amsterdam/Antwerpen, Business Contact pp. 223.

15. Staes, J. (2007) Mijn Organisatie Is Een Oerwoud, Lannoo Campus, Mijn Manager Is Een Held (2009), Lannoo Campus, Ik Was Een Schaap (2011), Lannoo Campus.

16. Sarasvathy, S. D. (2001) 'Effectual reasoning in entrepreneurial decision making: Existence and bounds', *Academy of Management Proceedings.* https://www.effectuation.org/wp-content/uploads/2017/05/Effectual-Reasoning-in-Entrepreneurial-Decision-Making-1.pdf

17. Kotter, J. (1995) Leading change: Why transformation efforts fail? *Harvard Business Review,* 73(2): 59-67.

에필로그 #ZigZagHR 선언문으로 활동 시작하기

1. Sivers, D. (2010) *How to Start a Movement.* Ted Ideas Worth Spreading. https://www.ted.com/talks/derek_sivers_how_to_start_a_movement#t-78988

#ZigZagHR

초판 1쇄 발행 2021년 6월 14일
초판 2쇄 발행 2022년 1월 26일

저　　자 리스베스 클라우스 · 레슬리 아렌스
역　　자 정태희
발 행 인 한수희
발 행 처 KMAC
편 집 장 이창호
책임편집 박진영
홍보·마케팅 김선정, 이동언, 이지완, 박진영
디 자 인 이든디자인
출판등록 1990년 5월 11일 제13-345호
주　　소 서울 영등포구 여의공원로 101, 8층
문의전화 02-3786-0133 **팩스** 02-3786-0107
홈페이지 www.kmac.co.kr

ⓒKMAC, 2021
ISBN 978-89-90701-47-3 13320

값 16,000원
잘못된 책은 바꾸어 드립니다.